जहान-ए-रूमी

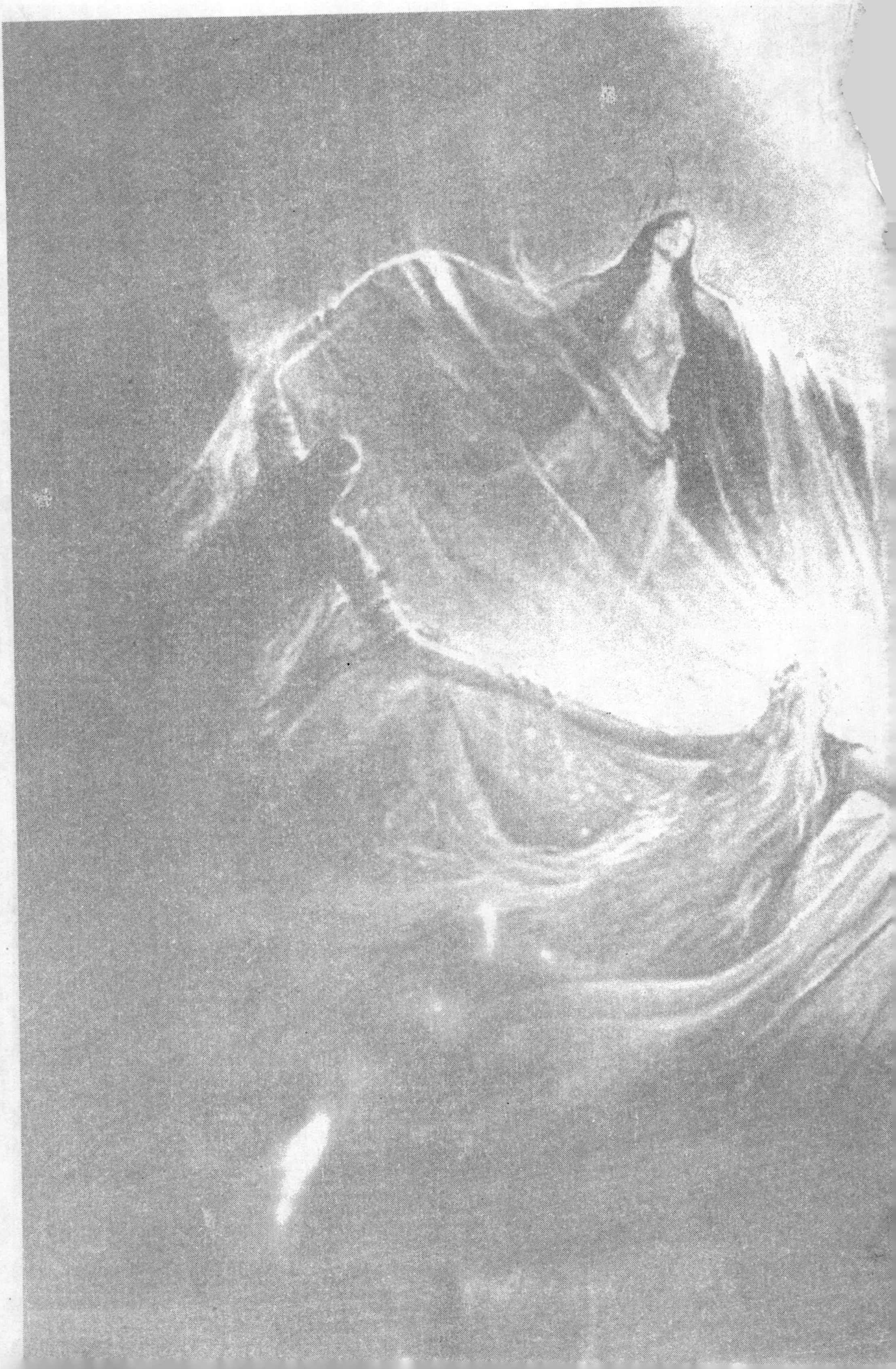

जहान-ए-रूमी

(सूफी संत मौलाना 'जलालउद्दीन' रूमी की कविताएँ)

राजकुमार केसवानी

वाणी प्रकाशन

वाणी प्रकाशन

4695, 21-ए, दरियागंज, नयी दिल्ली 110 002

फ़ोन : +91 11 23273167 फ़ैक्स : +91 11 23275710

शाखाएँ

अशोक राजपथ, पटना 800 004, बिहार

कॉफ़ी हाउस कैम्पस, महात्मा गांधी मार्ग, इलाहाबाद 211 001, उत्तर प्रदेश

महात्मा गांधी अन्तरराष्ट्रीय हिन्दी विश्वविद्यालय, वर्धा 442 001, महाराष्ट्र

www.vaniprakashan.in
marketing@vaniprakashan.in
sales@vaniprakashan.in

JAHAN-E-RUMI
by Rajkumar Keswani

ISBN : 978-81-8143-751-8
Collection of Poems

संस्करण 2007
आवृत्ति 2018

मूल्य : ₹ 495

एम.एस. प्रिंटर्स, दिल्ली-110 095 में मुद्रित

वाणी प्रकाशन का लोगो मक़बूल फ़िदा हुसेन की कूची से

अनुक्रम

अपनी बात

बहुत ज़रुरी है कि शुरु में ही कुछ बातें कह दूं। दुनिया के मौलाना रूमी मेरे लिए रूमी बाबा हैं। 800 साल के फासले के बावजूद मेरा उनका रिश्ता मोहब्बत का रिश्ता है। उनकी कविता में मुझे वो दुनिया दिखाई दी है जिसकी तलाश शायद हम सब को है। लिहाज़ा अपना देखा-समझा आपसे बांटने भर की कोशिश कर रहा हूं।

अब तक दुनिया की अनगिनत भाषाओं में अनेक विद्वानों ने बाबा की कविता का अनुवाद किया है। हिंदी के बारे में जितनी जानकारी मुझे मिल पाई, शायद इस पर बहुत काम नहीं हो पाया है। मेरा आशय एक मुश्त, एक साथ, एक जगह, पूरी एक किताब से है। अगर हुआ है और मुझे नहीं मालूम है और आप इसे मेरा अल्पज्ञान मान लें यूं भी, अगर यह काम हो भी चुका होता, मेरी जानकारी में भी होता तब भी मैं इस काम को करने से नहीं चूकता। इसे करने या न करने का फैसला मेरे हाथ में था ही नहीं।

एक दिन शाम को दफ्तर से घर लौटकर सीधा अपनी स्टडी में जा घुसा और बिना किसी पूर्व विचार के अंग्रेज़ी से बाबा की एक कविता को अपनी भाषा में, जिसे मैं हिन्दुस्तानी मानता हूं, अनुवाद कर डाला। मन को इतना अच्छा लगा कि दो-तीन और कविताओं के साथ भी वही प्रयोग किया। अपने 'कबाड़े' में याददाश्त के आधार पर खोज-बीन की तो देवनागरी लिपि में छपी मूल फ़ारसी भाषा की कुछ और कविताएं भी मिल गईं। अब इनमें से चुनकर दो और कविताओं का सीधे मूल भाषा से ही अनुवाद कर लिया । रात काफी हो चुकी थी। मगर दीवानगी का आलम ऐसा तारी था कि बिना इस बात की फ़िक्र किए अपने दो अज़ीज़-तरीन दोस्तों, प्रसिद्ध उपन्यासकार मंज़ूर एहतेशाम और कवि राजेश जोशी, को फोन लगाकर न सिर्फ इस बात की ख़बर दी बल्कि उन्हें मजबूर भी किया कि वे छह की छह कविताएं उसी समय फोन पर सुनें और अपनी राय भी दें। मेरे इन दो दोस्तों ने जिस तरह रिएक्ट किया, उसके बाद मेरे लिए यह मुमकिन ही नहीं था कि मैं इतने से पर रुक जाऊं। सो नहीं रुका। अब से हर रात इन दो लोगों के फोन पर जब घंटी बजती तो वे जान जाते कि किसका फोन

होगा। कुछ दिन में यह एक आदत की तरह हो गया। मंज़ूर भाई का सुब्रह के फोन पर भी पहला सवाल होता –'रात में कुछ और हुआ क्या?' राजेश जोशी, जो उन दिनों इंदौर में रह रहे थे, एक दिन फोन न लगाने पर खुद ही फोन लगाकर उलाहने वाले अन्दाज़ में बोले-'कल तो तुम्हारा फोन ही नहीं आया'? इसलिए मैं इस जगह कहना चाहता हूं कि इन दो लोगों ने मेरी कदम-कदम पर सलाह-मशविरे के साथ जिस कदर हौसला अफज़ाई की उसे मैं ज़िंदगी भर नहीं भूल सकता। इन दो लोगों ने ताकत न दी होती तो शायद मैं यह काम कर ही नहीं पाता।

मैं यहां एक ज़रुरी बात और कहना चाहता हूं। जब मैं इस काम के संदर्भ में शब्द 'अनुवाद' का प्रयोग कर रहा हूं तो उसका आशय मात्र यह है कि बाबा को पढ़कर 'जैसा मैंने समझा और जाना' उसी को अपनी तरह से प्रस्तुत किया है। सच तो यह है कि हर दिन काग़ज़ पर लिखे अपने शब्दों को पढ़कर इधर-उधर कुछ ढूंढने लगता था। मुझे यकीन ही नहीं आता था कि काग़ज़ पर उकरे शब्द मेरे ही लिखे हुए हैं।

मैं जानता हूं कि इस तरह की बातें लिखना साहित्य में कम से कम कोई प्रचलित परम्परा नहीं है । इसके अर्थ दो तरह से निकाले जा सकते हैं: कि मुझे अपनी काबलियत पर भरोसा ही नहीं है और या फिर अपने काम को कुछ ज़्यादा ही ऊंचा करके आंक रहा हूं। सच तो यह है कि मुझे इस वक्त इस बात की फ़िक्र ही नहीं है कि मेरी कही हुई बातों से मेरी छवि कैसी बनती है। मुझे फिक्र इस बात की है कि मैं सच कितना बोल पा रहा हूं।

अब ज़रा अपनी भाषा की बात कर लूं। सामान्यत: मेरा अब तक का सारा लेखन मेरी अपनी बोलचाल की भाषा में ही है, जिसके बारे में मैं पहले कह चुका हूं, हिंदुस्तानी है। इस काम को करते समय स्वाभाविक रुप से इसे अपनी ही भाषा में करना चाहता था मगर पहली कविता के समय जो पहला जुमला बाहर आया उसने ही तय कर दिया कि इस अनुवाद में हिंदुस्तानी पर प्राचीनकाल की हिंदवी भाषा का खासा प्रभाव रहेगा। इस अहसास के बाद मैंने कुछ जगह जान-बूझकर और पूरी सजगता के साथ,शायद ज़रुरी प्रभाव के लिए हिंदवी का प्रयोग भी किया है। कहीं-कहीं उर्दू का प्रयोग सामान्य से अधिक है। कुछ जगह कठिन भी है। उनके अर्थ देकर स्पष्ट करने की कोशिश की है। लेकिन यहां इतना ज़रुर कहना चाहूंगा कि इन सारे शब्दों का प्रयोग आवश्यक गूंज या कहें ध्वनि के लिए हुआ है।

एक और स्वीकारोक्ति। इस अनुवाद का मूल स्रोत न तो अंग्रेजी अनुवाद हैं। और न ही मूल फ़ारसी। शुरुआत अंग्रेजी से की और फिर मूल भाषा की ध्वनियों

को पकड़ा। हिंदी में थोड़ा-बहुत उपलब्ध अनुवाद देखा, मगर उर्दू में 'मसनवी' पर टीका वाली पुस्तक काजी सज्जाद हुसैन की 'मसनवी-मौलाना-ए-रूम' मूल के नज़दीक पहुंचने में काफी मददगार साबित हुई। इसके अलावा अनगिनत हिंदी, उर्दू, अंग्रेजी की पुस्तकें वेब साइट्स की मदद भी शामिल है जिनका उल्लेख अंत में कर रहा हूं।

मेरे सौभाग्य से मेरी अपनी मातृभाषा सिंधी उसी लिपी में लिखी-पढ़ी जाती है जिसमें कि अरबी और फ़ारसी, सो पढ़ना मुश्किल नहीं था। सुखद आश्चर्य यह भी था कि ढेर सारे फारसी शब्द बहुत जाने-पहचाने थे। आपके-मेरे सबके जाने पहचाने । मुश्किल था सही उच्चारण, सही ध्वनि और सही अर्थ। अर्थ के लिए कुछ शब्दकोष और पुस्तकें ईरानी दूतावास के ईरान कल्चर हाउस से प्राप्त किए। ध्वनियों के लिए इंटरनेट पर ढूंढकर शब्दों की ध्वनि सुनकर पकड़ने की कोशिश करता रहा। भोपाल विश्वविद्यालय में फ़ारसी के अध्यापक जनाब रज़ी हसन साहब के पास भी जाता रहा। भाषा सीखता रहा। मुझे न जाने क्यूं लग रहा था कि मुझे अनुवाद नहीं करना बल्कि फ़ारसी शब्दों में ध्वनित होती गूंज को इस देश में समझी जाने वाली भाषा के शब्दों के ज़रिए रुपांतरित करना है । यही कुछ करने की कोशिश थी मेरी। इसी कारण मैंने छंद का मोह त्यागा। मेरे लिए छंद की लयात्मकता से ज़्यादा जरुरी था, शब्द गूंज से उत्पन्न होते नाद की रक्षा क़रना। मेरी सफलता-असफलता आपके मूल्यांकन के बाद ही तय होगी।

बाबा की भाषा के बारे में भी कुछ कहना ज़रुरी है। तेरहवीं शताब्दी के उस काल में फ़ारसी भाषा दरअसल पहलवी भाषा थी। इसी कारण 'मसनवी' को 'पहलवी क़ुरान' भी कहा जाता है।

बाबा ने कहीं-कहीं अरबी भाषा का भी प्रयोग किया है। इसी बात से प्रेरित होकर मैंने अपनी कोशिश में हिंदी-उर्दू के अलावा भी सारे शब्द ध्वनि के लिए दिए हैं।कुछ अन्य भाषाओं के शब्द तथा स्मृतियों में शेष पर शायद चलन से बाहर कनकुबड़े, चकफ़ेरियां जैसे शब्दों का प्रयोग किया है। जिस तरह बहेरे शब्द से 'ज़रुरी' ध्वनि के अभाव में मैंने कनकुबडे का प्रयोग किया है उसी प्रकार सूफ़ी नृत्य को किसे अंग्रेजी में 'वर्लिंग डांस' 'वर्लिंग दरवेश' कहा जा रहा है, उसे चकफ़ेरियां कहा है।

ढेर सारी बातें करना चाहता था पर सोचने पर लगता है कि उसके लिए जगह बहुत चाहिए। सो ज़िंदगी ने मोहलत दी तो किसी वक्त विस्तार से शायद पूरी किताब ही लिखूंगा।

एक बहुत ज़रुरी बात छूटी जाती है। रूमी का काम विशाल है। अकेले

'मसनवी-ए-मानवी' ही छह जिल्द में है । इसमें 26800 छंद हैं। 'दीवान-ए-शम्से-तब्रेज़' में ग़ज़लों और रूबाइयों का संग्रह है। 'फिही-म-फिही' नसीहतों का संकलन है । इन रचनाओं से भी बाबा को समझने में मदद मिलती है। एक जगह तो वे दर्शन की उस ऊंचाई पर ले जाते हैं जहां दो जैसा शब्द ही अपनी अर्थवता खोकर एक की ध्वनि देने लगता है, तो दूसरी जगह वही बूढ़ा बाबा मस्ताने लगता है। गुदगुदी करता है। चिक्कोटी काटता है किस्से-कहानी सुनाता है। लतीफे सुनाता है। हम बच्चों से ऐसी वयस्क बातें करता है। मानों हमें हम उम्र मानता हो। भाषा की रवानी ऐसी है कि बिना पहचान भी आप उसमें बह जाएं। बाहर गर्मी लगे तो उठकर उसकी शीतल छांव में बैठ जाएं। और इस कदर मदहोश हो जाएं कि लोग आपको मैख़्वार कहने लगें।

इस पुस्तक में तो बाबा के समन्दर का एक क़तरा भर है। सैकड़ों किस्से-कहानियां हैं जिनकी सहायता से बाबा अपनी बात कहते हैं। इनमें से कुछ हमारी जानी-पहचानी कहानियां हैं। जिन्हें हमने 'पंचतंत्र' में पढ़ा है। एक मजेदार तथ्य जो अध्ययन के दौरान सामने आया, कि संस्कृत भाषा में लिखे गए 'पंचतंत्र' का अनुवाद पहलवी(फारसी) और अरबी भाषा में छठी शताब्दी के आसपास ही हो चुका था। 'संस्कृत साहित्य की रुपरेखा' के लेखक पं. चंद्रशेखर के अनुसार 'पंचतंत्र' का अनुवाद दो सियारों 'करटक और दमनक' के नाम वाली कथा के आधार पर इस अनुवाद का नाम 'कलेला दमना' रखा गया।

दरअसल, इन कथाओं का पहला प्रयोग फारसी के महान सूफी कवि सनाई ने किया है, जिन्होंने 'मसनवी' विधा का सबसे पहला प्रयोग भी किया है। इनमें 'अंधों का हाथी' वाली कथा सहित अनेक पंचतंत्र कथाएं शामिल हैं। बाद में रूमी ने इन कथाओं का उपयोग किया है। 'मसनवी-ए-मानवी' में एक जगह रूमी कहते हैं-

अज़ कलेला बाज़ खां ई किस्सा रा।
व अंदरा किस्सा तलब कुन हिस्सा रा ।।

(मैंने यह किस्सा 'कलेला दमना' में पढ़ा और यहां इस्तेमाल किया है।)

मैंने भी अनेक पूर्ववर्ती लेखकों, शोधकर्ताओं और पुस्तकों के काम से भरपूर सहायता ली है। 'कोलमन बार्क्स की पुस्तक 'The Essential Rumi', जॉन बेलडॉक की 'Essence of Rumi'; कार्ल.डब्ल्यू.अर्नस्ट की 'Teachings of Sufism' और 'Sufism', एंड्रयू हार्वे की 'Teachings of Rumi' मोजदेहज बयात और मुहम्मद अली जमनिया की 'Tales From the Land of the sufis', इदरीस शाह की 'The way of the sufi','The Hundred Tales of wiser Thinkers of

The East', 'The Sufi- My Story' और 'The Sufis' ई.एच. व्हिनफील्ड की 'Masnavi -i-Manavi : Teachings of Rumi', एस अब्दुल हसन अली नदवी (अली मियां) की 'Saviours of Islam', बांके बिहारी और कन्हैया लाल की 'ईरान के सूफ़ी कवि' और काज़ी सज्जाद हुसैन की 'मसनवी-मौलाना-ए-रूम' शामिल हैं।

आख़िर में बस अपने परिवार की याद और शुक्रिया । सीधे-सीधे कहूं तो सुनीता और रौनक-शुक्रिया!

—राजकुमार केसवानी

बाबा की बात

आठ सौ बरस पहले, 30 सितम्बर 1207 के दिन खुरासान के एक नगर बल्ख़ (अफ़ग़ानिस्तान) में इस्लाम धर्म के एक विद्वान आलिम-उलेमा मुहम्मद बिन हुसैन उर्फ बहाउद्दीन वलद के घर एक बच्चे का जन्म हुआ। बच्चे का नाम रखा गया जलालउद्दीन मुहम्मद। इस बालक की उम्र और लोकप्रियता लगभग साथ-साथ बढ़ती गईं। इसी के साथ उसके कई नाम भी पड़ते गए। पहले जलालउद्दीन। फिर जलालउद्दीन बल्ख़ी। फिर मौलाना रूम। फिर मौलाना जलालउद्दीन मुहम्मद रूमी और आखिर में छोटा सा प्यारा सा रूमी।

अनेक नामों वाले उस एक शरीर ने 66 साल बाद इस दुनिया से विदा ले ली। अगर रूमी के शब्दों में कहा जाए तो 66 साल की कठोर साधना के बाद आखिर उनका अपने 'माशूक से मिलन' हो गया। इस सारी घटना और हमारे बीच अनगिनत पीढ़ियों और सैकड़ों वर्षों का फासला है। लेकिन दुनिया ने देखा कि इन 800 सालों में इस आत्मा का विराट रूप लगातार वृह्द से वृहद्तर होता जा रहा है। आज भोग-विलास और हिंसा में आकंठ डूबे अमरीका जैसे देशों के साथ तमाम दुनिया के करोड़ों लोग इस सूफी फकीर की शरण में बैठे हुए दिखाई देते हैं। सबके सर पर हज़ारों सवालों का बोझा है और रूमी के पास सारा बोझ हटाने वाले जवाब।

कमाल यह है कि इन सारे सवालों का जवाब सिर्फ एक है-'हम' से मुक्त होकर 'सोहम' (जो तुम सो हम) का सफर। उससे भी बड़ा कमाल यह है कि हज़ार तरह से पूछे जाने वाले इन सवालों के जवाब भी हज़ार तरह से ही आते हैं। हालांकि सारे जवाबों का मूल एक ही है। क्यों न हो? हज़ार सवालों का मूल भी तो एक ही है। सो एक सवाल है और एक ही जवाब है । और सच तो यह है कि 'सोहम' तक पहुंचने का भी सबसे सरल मार्ग भी एक है। आंख बंद करके बाबा की उंगली पकड़ लेना। उनकी आलोकिक कविता यही काम करती है। आपने उसे छुआ नहीं कि हर तरफ उजाला हुआ नहीं। यह उजाला न गुम होता है न गुम होने देता है। अगर कुछ गुम होता है तो होता है सिर्फ गुमान।

मिसाल के तौर पर ज़रा इस कविता को छूकर देखें :

कि ज़िन्दगी मेरी
बयां हो बस / तीन बातों में
मैं कच्चा था
पकाया गया
मकाम तक
पहुंचाया गया

इतिहास की थोड़ी सी छानबीन से पता चलता है कि रूमी के जन्म स्थान बल्ख की स्थापना सिकन्दर महान द्वारा इस क्षेत्र में अपने आधिपत्य के दौरान की गई थी। रोमन आधिपत्य से मुक्ति के बाद यह इलाका कुछ समय के लिए ईरान के कुषाण बौद्ध धर्मावलम्बियों के आधिपत्य में आ गया था। आज वह पूरी तरह इस्लामिक अफ़ग़ानिस्तान का हिस्सा है।

रूमी के माता-पिता इस्लाम के महान धर्म गुरुओं के वंशज थे। पिता बहाउद्दीन वलद पहले खलीफा अबू बकर के वंशज थे तो माता मूमिन ख़ातून चौथे ख़लीफा अली की वंशज। इसी कारण से समाज में इस परिवार का एक विशिष्ट स्थान था। बहाउद्दीन की सादगी भरी जीवन शैली और शुद्ध धार्मिक आचरण से लोग बेहद प्रभावित थे। इसी कारण उन्हें सुल्तान-ए-उलेमा कहकर भी सम्बोधित किया जाता था। उनके धार्मिक प्रवचन सुबह से दोपहर तक हर आम-ओ खास के लिए होते थे और दोपहर में ज़ुहर की नमाज़ के बाद सिर्फ कुछ चुनिन्दा शिष्यों के लिए।

बात लगभग सन 1213 की है। उनके प्रवचनों के सम्मोहन से खिंचे चले आने वालों की तादाद लगातार बढ़ती जा रही थी। एक दिन खुरासान के बादशाह ख्वारज़म शाह, जो रिश्ते में बहाउद्दीन के मामा भी लगते थे प्रवचन सुनने की गरज़ से पहुंचे। वे पहले भी इसी तरह यहां आते रहे थे लेकिन उस दिन जमा लोगों के हुजूम को देखकर वे आशंकित और चिंतित हो गए। अचानक ही उनके मुंह से निकला; 'इतनी भीड़?'

वहां मौजूद बादशाह का एक बेहद भरोसेमंद विद्वान, जो बहाउद्दीन से बैर रखता था, ने आग में घी डालने का काम किया। उसने बादशाह से कहा; 'बन्दापरवर, अगर वक़्त रहते कोई इलाज न हुआ तो ये शख़्स हुकूमत के लिए भी ख़तरा बन सकता है' उस घड़ी बदहवास बादशाह पर यह बात काम कर गई।

वहां से लौटकर बादशाह ने फौरन अपने तमाम भरोसेमंद दरबारियों को

बुलाकर इस मामले पर मंत्रणा की। सारे सलाह-मश्विरे के बाद बादशाह ने अपने शस्त्रागार, खज़ाने और किले की चाबियां एक ख़त के साथ बहाउद्दीन को भेज दीं। ख़त में उन्होंने लिखा कि आपने अपने जादू से हमारी रियाया के दिलों पर अपनी हुकूमत तो कायम कर ली है। इसके बाद तो हमारे पास सल्तनत के नाम पर सिर्फ़ यह चाबियां भर रह गई हैं। बेहतर होगा कि ये चाबियां भी आप ही ले लें।

बहाउद्दीन ने बिना अपना सब्र खोए, बिना विचलित हुए, तमाम हालात को समझते हुए एक जवाबी खत के साथ चाबियां लौटा दीं। जवाब में उन्होंने फरमाया; 'अव्वल तो बादशाह के हुज़ूर में मेरा सलाम कुबूल हो और बाद उसके यह कि मैं दुनियादारी से परे ख़ुदा का एक बन्दा हूं। दुनिया के मालो-असबाब या फिर किसी तरह के हथियार मेरे लिये बेमानी है। बहरहाल, मैं अपनी मर्ज़ी से यह मुल्क बाद जुमे की नमाज़ छोड़ रहा हूं ताकि बादशाह किसी ग़फ़लत का शिकार न हों और बेफिक्र होकर हुकूमत करते रहें'।

इस बात की ख़बर ज्योंही लोगों तक पहुंची, बल्ख़ में बादशाह के ख़िलाफ़ बग़ावत के हालात पैदा हो गए। हालात इस कदर बिगड़े कि बादशाह को मजबूरन बहाउद्दीन के पास जाकर माफी मांगनी पड़ी। साथ ही प्रार्थना भी की कि वे बल्ख़ छोड़कर न जाएं। लेकिन बहाउद्दीन पर इस कवायद का कोई असर न हुआ। जुमे की नमाज़ के बाद उन्होंने अपने प्रवचन के दौरान अपनी रवानगी का कोई ज़िक्र नहीं किया। अगले दिन शनिवार की रात में बिना किसी को कानो-कान खबर हुए, वे अपने खानदान के साथ सफर पर निकल पड़े। इस वक्त वे नहीं जानते थे कि उनकी मंज़िल क्या होगी। उन्हें सिर्फ़ इतना मालूम था कि उन्हें बल्ख़ छोड़ना है।

रूमी का जन्म इतिहास के एक ऐसे दौर में हुआ जिस वक्त दुनिया में भारी उथल-पुथल मची थी। चारों ओर बर्बर हिंसा और तबाही का दौर था। एक ओर ईसाई धर्म के क्रूसेड युद्ध से हाहाकार मचा हुआ था तो दूसरी ओर चंगेज़ खान, जो रूमी के जन्म के महज़ एक साल पहले ही 'ख़ाकान' यानी मंगोल बादशाह बना था, अपनी फौजों के साथ दुनिया के ग़ोशे-ग़ोशे को इंसानी लहू से लाल करने में जुटा था। रूमी का जन्म स्थान बल्ख़ भी इससे अछूता न रहा। रूमी के परिवार की विदाई के लगभग छह साल बाद चंगेज़ ख़ान की मंगोल फौजों ने बल्ख़ समेत पूरे खुरासान में तबाही का मंज़र खड़ा कर दिया।

उधर मासूम जलालुद्दीन अपने परिवार के साथ एक ठिकाने की तलाश में इधर-उधर फिर रहा था। पन्द्रह साल साल तक यह सिलसिला जारी रहा। 1228 में यह कारवां आखिर को सेलजुक रूम साम्राज्य के हिस्से अनातूलिया (अब तुर्की) की राजधानी कोन्या जा पहुंचा। रूम के तत्कालीन सुल्तान अलाउद्दीन

कैकाबाद के अनुरोध को स्वीकार कर बहाउद्दीन ने वहीं बसने का फैसला कर लिया। सुल्तान ने उनके लिए ख़ास तौर पर एक मदरसा कायम किया, जिसका नाम रखा गया: मदरसा-ए-खुदावन्दगार।

लेकिन कोन्या पहुंचने से पहले मंज़िल की जुस्तजू में भटकते इस कारवां ने कई मुल्क देख डाले, कई चीज़ें देख डालीं। पिता के सानिध्य में रूमी ने शिक्षा प्राप्त की और गहन अध्ययन भी किया। समय के साथ उसकी विलक्षण प्रतिभा का तेज उसके चेहरे पे इसी दौरान नुमाया होने लगा था। एक घटना से इस बात का अन्दाज़ा बहाउद्दीन को भी हो गया था कि उनकी औलाद कोई मामूली इंसान भर नहीं है। हुआ यूं कि नीशापुर (ईरान)से गुज़रते हुए वे उस दौर के महान सूफी संत कवि फरीदुदीन अत्तार से मिलने पहुंचे, जिनका वहां निवास था। कहा जाता है कि इस मुलाकात के दौरान ही अत्तार ने रूमी में मौजूद रूहानी ताकत को पहचान लिया था।

जिस समय पिता-पुत्र अत्तार से मिलने जा रहे थे उस समय स्वाभाविक रूप से रूमी अपने पिता के पीछे चल रहे थे। इस पर अत्तार ने टिप्पणी की: 'वो देखो कुदरत का करिश्मा, दरिया के पीछे समन्दर'। अत्तार इस वक़्त ज़िंदगी के लगभग आखिरी मोड़ पर खड़े थे। उन्होंने बालक को अपने आशीर्वाद स्वरूप अपनी एक पुस्तक 'असरारनामा' भेंट की। रूमी के जीवन पर इस मुलाकात का बहुत गहरा प्रभाव पड़ा। आगे चलकर उनकी कविता, उनकी जीवन शैली में यह प्रभाव और भी स्पष्ट दिखाई देता है। रूमी ने अपने मसनवी में अत्तार और हकीम सनाई, दोनों की मसनवी से प्रेरित होकर लिखा और उनकी कई कहानियों को इस्तेमाल भी किया है।

रूमी के इन दो लोगों की महानता को अपने लेखन में कई जगह स्वीकार किया है और उनका गुणगान भी किया है। एक जगह वे कहते हैं:

अत्तार रुह बूदो सनाई दो चश्मे ऊ
मा अज़ पए सनाई ओ अत्तार आमदेम

(अत्तार अगर रूह हैं तो सनाई उसकी दो आंखें, और हम इन दोनों के बाद ही आते हैं।)

किसी बादशाह या फिर अमीर-उमरा का आना उन्हें पसन्द न था, तब भी अगर कोई आ ही जाता और कोई तोहफ़ा छोड़ जाता तो वे फौरन उसे अपने किसी ज़रूरतमंद शागिर्द या मुरीद को दे देते। उनके लिए माहाना 100 दीनार का वज़ीफा मुकर्रर था लेकिन उन्होंने सिर्फ 15 दीनार लेना ही मंज़ूर किया। उन्हें मुफ़्त का वज़ीफा मंज़ूर न था सो वे बदले में धार्मिक कानूनी मसलों पर अपनी

राय (मशविरा) दे देते थे।

सूफी दर्शन और संगीत दो अभिन्न चीज़ें हैं। सूफियों में 'हाल' की स्थिति में पहुंचने के लिए 'ज़िक्र' और 'मुराकबा' के अलावा 'समा'(शाब्दिक अर्थ सुनना) तीसरा ज़रिया है। सूफियों में 'समा' गायन, वादन, सस्वर पाठ से 'हाल' की स्थिति निर्मित होती है, जिसमें डूबकर वह खुद-ब-खुद नाचने लगता है । इस स्थिति का एक सुन्दर उदाहरण आगे रूमी और सलाउद्दीन के बीच की एक घटना में बयान किया गया है। रूमी भी संगीत में गहरे-गहरे डूबे थे । संगीत में उनकी गहराई का अंदाजा उनके कलाम से बखूबी हो जाता है। यहां हर लफ़्ज़ में संगीत की एक गूंज है। एक मद्धम-मद्धम सा संगीत, जो सीधे दिल की गहराइयों में उतर जाता है, और 'हाल' की स्थिति में पहुंचा देता है ।

बांसुरी (फारसी में नै) रूमी का प्रिय साज़ था। सूफी दर्शन में नै का यूं भी बड़ा महत्व है। सूफी कलाम में इसे रूह अर्थात आत्मा के प्रतीक के रूप में मान्यता मिली हुई है। रूमी की मसनवी का आग़ाज़ ही नै की कहानी से होता है :

बश्नो अज़ नै चूं हिकायत भी कुनद
वज़ जुदाईहा शिकायत मी कुनद
कज़ नेस्तां ता भरा बुबरीदा अन्द
अज़ नफीरम मर्दो-ज़न नालीदा अन्द
(इसी पुस्तक में कविता 'सुन बांसुरी की')

ऐसा बताया गया है कि वे आप रबाब भी बजाते थे । कलाकारों से सुनते भी खूब थे । उनकी शायरी का संगीत इस सिलसिले की ही एक कड़ी सा लगता है।

संगीत के साथ नाच या कहें रक्स का जैसा कि मैने पहले कहा भी उतना ही महत्व है। उनका चकफेरी वाला नाच-समा, जिसे आजकल दर्वेश नृत्य या फिर पश्चिम में 'वर्लिंग दरवेश' भी कहा जा रहा है, उनकी शायरी का एक बेहद ज़रूरी हिस्सा था। इस दौर के इतिहासकारों के मुताबिक लिखते समय वे अपने बग़ीचे में एक खम्बे के चौगिर्द नाच-नाच कर गाते जाते थे जिसे उनका कोई मुरीद लिखता जाता। मसनवी लेखन के दौरान यह ज़िम्मेदारी अकेले हिस्सामउद्दीन ने निभाई। उन्होंने अपने कलाम के ज़रिए संगीत को 'इस लोक'से 'इह लोक' के सफर का ज़रिया बनाकर पेश किया है।

रूमी ने लेखन में कुत्ते, बिल्ली, खरगोश, सियार, शेर, हुद हुद पक्षी वग़ैरह का प्रतीकों की तरह तो खूब इस्तेमाल किया ही है लेकिन खुद भी एक बिल्ली को पाल रखा था। इस रिश्ते को बिना किसी और बयान के इस तरह समझा जा सकता है कि रूमी की मृत्यु के एक सप्ताह बाद ही उनकी बिल्ली भी चल बसी।

उसे रूमी के नज़दीक ही दफ़नाया गया।

मैं अपनी रौ में शायद कुछ ज़्यादा तेज़ी से समय से आगे दौड़ गया हूं, जो बातें 1231 के बाद की है वो भी यहीं कह गया। ख़ैर, फिर से लौटते हैं उस जगह जहां रूमी अपने पिता के बाद उनकी तमाम ज़िम्मेदारियां सम्हालना शुरू करते हैं। अपनी बेमिसाल सादगी और ज़हनी काबिलियत की वजह से मर्तबा पाते हैं, लेकिन रूमी की ज़िन्दगी का मक़ामे-उरूज़ की ओर ले जाने वाला सबसे बड़ा मोड़ तो अभी आने वाला है जिसके बाद बल्ख़ का मौलाना संत महाकवि रूमी बन जाने वाला है।

यह मोड़ आया 29 नवम्बर 1244 के दिन। यह दिन कोन्या के लिए एक ग़ैर मामूली दिन था। उस दिन इस शहर में एक सूफी दरवेश के कदम पड़े थे। शेख शम्सुद्दीन तबरेज़। पूरा नाम शम्सुद्दीन मुहम्मद इब्ने अली इब्न मलिक दाद तबरेज़ी। इस हस्ती ने इस खामोशी में डूबे शहर में आकर खलबली पैदा कर दी।

रूमी से उनकी पहली मुलाकात की अनेक कहानियां प्रचलित हैं । सच कहा जाए तो रूमी की कहानी में अनेक मिथक कथाओं की भरमार है। ज़्यादातर घटनाओं को लेकर एक से अधिक कहानियां कही गई हैं। 800 साल की लम्बी यात्रा में ऐसा होना अस्वाभाविक भी नहीं लगता। बहरहाल, इस मुलाक़ात की अनेक कहानियों में से एक इस प्रकार है कि मौलाना रूम हौज़ के पास बैठे हुए थे। सामने कुछ पुस्तकें रखी हुई थीं। अचानक शम्स तबरेज़ सामने आए और पूछा ये क्या किताबें हैं? मौलाना ने जवाब दिया कि ये तो 'इल्मुल-कलाम' (वादानुवाद) है, लेकिन तुम्हें इससे क्या लेना-देना? जवाब सुनकर शम्स ने हाथ आगे बढ़ाया, सारी किताबें उठाईं और हौज़ के पानी में फैंक दीं।

मौलाना इस बात से सकते में आ गए। उन्होंने कहा : अरे, दरवेश! तुम जानते हो तुमने क्या कर दिया है? तुमने ऐसी बेशक़ीमती किताबें फैंक दी हैं जो दुबारा मिल ही नहीं सकतीं। इनमें ज़िन्दगी के पोशीदा राज़ों की अक्ल थी। हज़रत शम्स ने मुस्कराते हुए हौज़ में हाथ डाला और सारी किताबें वापस निकाल कर मौलाना को थमा दीं। कमाल यह था कि पानी से निकली हुई ये किताबें एकदम सूखी हुई थीं, मानों कभी पानी में गिरी ही न हों। हैरत में डूबे रूमी ने फौरन शम्स को अपना उस्ताद मान लिया।

दूसरी कहानी में उनके शम्स के सामने पड़ते ही बेहोश होकर गिर पड़ने की बात है। मेरी समझ से ये 'चमत्कारिक' कहानियां कुल मिलाकर शम्स की हस्ती को एक अतिरेक के साथ बढ़ा-चढ़ाकर रूमी के ही कुछ मुरीदों ने ही खड़ी की होंगी। इन लोगों ने इतनी कहानियां गढ़ डाली कि असली कहानी कहीं भीड़ में

ही गुम हो गई। बहरहाल इस बात को लेकर कोई शक नहीं है कि शम्स एक बहुत ही पहुंची हुई हस्ती थे। रूमी की अपनी हस्ती भी कुछ कमतर नहीं थी। उनके उस घड़ी झुकने का बहुत बड़ा मतलब है। आने वाले समय ने इस बात को पूरी तरह सही भी साबित किया। देखते ही देखते रूमी धर्म गुरू से अचानक दुनिया के एक महान सूफी संत और शायर बनकर छा गए।

रूमी पर शम्स का ऐसा नशा चढ़ा कि उन्होंने मदरसे जाना ही छोड़ दिया। दुनिया की तमाम चीज़ों से अलग, मंत्रमुग्ध होकर वे शम्स की दुनिया में खो गए। सारी दुनिया से दूर इन दो महापुरुषों का हर लम्हा तसव्वुफ की बातों में ही गुज़रता। इस नज़दीकी के नतीजे में ज़ाहिर है रूमी अपने मुरीदों से पूरी तरह से कट गए। अपने पीरो-मुर्शिद की जुदाई से उत्तेजित रूमी के मुरीदों ने शम्स को ज़िम्मेदार मानकर सबक सिखाने की ठान ली। इस सारे मामले में रूमी के छोटे बेटे अलाउद्दीन की प्रमुख भूमिका थी। इन लोगों ने ऐसे हालात पैदा कर दिए कि शम्स के लिए वहां रहना नामुमकिन सा हो गया।। हालात इतने ज़्यादा संगीन हो गए कि एक दिन शम्स बिना किसी को खबर दिए कोन्या से रवाना हो गए। रूमी तक को इस बात का पता न लगा। यह 20 फरवरी 1246 की बात है।

इस घटना ने रूमी को अन्दर तक हिला दिया । इन सारे हालात के लिए उन्होंने ख़ुद को ज़िम्मेदार मान लिया। अफसोस और तकलीफ में डूबे रूमी ने बकाया दुनिया से पूरी तरह किनारा कर लिया। शम्स के विरोधियों के साथ ही उन लोगों से भी जिनने इस मामले से ख़ुद को पूरी तरह से अलग रखा था।

उस काल में रूमी की जीवनी लिखने वाले अफ्लाकी के अनुसार कुछ समय बाद यह स्थिति बदली। एक दिन अचानक शम्स का एक ख़त आया। एक अरसे से ख़ामोशी ओढ़े बैठे रूमी चहक उठे। ख़त दमिश्क (सीरिया) से लिखा गया था। रूमी ने एक के बाद एक जवाब में तीन चिट्ठियां लिखकर भेज डालीं। उनका मन कुछ हल्का हुआ तो उन्होंने कुछ लोगों से मिलना-जुलना भी शुरू कर दिया। संगीत के कार्यक्रमों में भी भाग लेने लगे। शायरी तो इस बीच वे करने ही लगे थे सो अब और भी जमकर लिखने लगे।

अपने पीरो-मुर्शिद की ख़ुशी देखकर उनके मुरीद भी ख़ुश हुए। उन्हें अपनी ग़लती का अहसास हुआ। उन्होंने माफी मांगते हुए दरख़्वास्त की उन्हें दमिश्क जाकर शम्स को वापस लिवा लाने की इजाज़त दी जाए। रूमी ने इन लोगों क साथ अपने बड़े बेटे सुल्तान वलद, जो कि उन्हें बहुत अज़ीज़ था, को भी रवाना किया। उसी के साथ उन्होंने शम्स के लिए एक ख़त भी दिया जिसमें उन्होंने जुदाई से बिगड़ी अपनी हालत बयान करते हुए लौटने की प्रार्थना थी। उस ख़त का मुख़्तसिर सा अनुवाद इस प्रकार है :

'जिस घड़ी को तू हुआ है मुझसे जुदा
रह गया है बस मोम जैसे शहद के बिना
अब कि बस कन्दील सा
गलता जाता हूं
आतिशे-इश्क़ में
महरूम होकर
मोहब्बत से तेरी....'

इस जगह रुककर इस महापुरूष शम्स तबरेज़ की बात करना ज़रूरी लगता है। जिस हस्ती को शम्स तबरेज़ के नाम से जाना गया,वह एक सच्चे दरवेश थे जिन्होंने बादशाहों की दौलत और दावत दोनों को ठुकराया मगर रूमी के लिए अपनी हस्ती को ही भुला दिया। उन्होंने ख़ुद भले ही सिर्फ एक किताब 'मक़ालात' (निबंध संग्रह) लिखी लेकिन रूमी के लिखे हर लफ़्ज़ के पीछे भी उन्हीं की प्रेरणा है। वे दुनिया में एकदम निसंग भाव से रहते थे पर रूमी के प्रति उनका बहुत गहरा अनुराग और उतना ही सम्मान भी था। इस पुस्तक में उन्होंने एक जगह लिखा है: 'मैं मौलाना के पास आया हूं तो इसकी पहली शर्त ये है कि मैं यहां उसका उस्ताद बनकर नहीं आया। ख़ुदा ने अब तक इस दुनिया में ऐसे किसी इंसान को पैदा ही नहीं किया है जो मौलाना (रूमी) का उस्ताद बन सके और न ही मैं कोई ऐसी चीज़ हूं कि मैं किसी का शागिर्द बन सकूं...अब तो मैं यहां मौलाना का दोस्त बनकर ही आया हूं और बहुत अच्छी तरह जानता हूं मौलाना ख़ुदा का दोस्त (वली) है'।

1246 में जब वे कोन्या छोड़कर चले आए तो उन्होंने लिखा कि दीगर बातों के आलावा वे 'जानबूझकर' भी रूमी से दूर हुए हैं ताकि उसमें और भी मज़बूती और बहबूदी आए। इस काम के लिए अगर उनको पचास बार भी दूर जाना पड़ेगा तो वे ऐसा भी करने को तैयार हैं, क्योंकि जुदाई से इंसान के अन्दर एक 'पाकीज़गी और पुख़्तगी' आती है।

यह बात भी सौ फीसदी सही साबित हुई। रूमी ने जुदाई के ग़म से पैदा हुई तकलीफ को ज़ाहिर करने के लिए ही शायरी का सहारा लिया। इसी दौरान उन्होंने पूरा का पूरा ग़ज़ल और रुबाई संग्रह 'दीवान-ए-शम्स तबरेज़' लिख डाला। हालांकि इसमें शम्स तबरेज का नाम तख़ल्लुस की तरह इस्तेमाल हुआ दीखता है मगर साथ ही वह अपने उस्ताद को ख़िताब (सम्बोधन) करती हुई कविताएं हैं। गुरू तेग बहादुर के शबद भी इसी तरह गुरू नानक को सम्बोधित हैं। इस दीवान की कुछ ग़ज़लों के अनुवाद इस पुस्तक में मौजूद हैं ।

तो बात छूटी थी, रूमी के ख़त पर। ख़त ने असर दिखाया। शम्स लौट आए।

एक बार फिर दोनों आमने-सामने थे। इस मौके का बयान उस दौर में जिस तरह दर्ज किया गया है उससे यही बात निकलती है कि दोनों ही ऐसा कुछ करना चाहते थे जिससे दुनिया के सामने यह ज़ाहिर हो जाए कि उन दोनों के दिल में एक के लिए दूसरे के दिल में कितनी इज़्ज़त है। इस तरह एक दूसरे के कदमों में गिरने की कोशिश की कि 'कोई ये न समझ पाए कि कौन आशिक है और कौन माशूक'।

अब इस बार जो मिले तो फिर से दोनों एक दूसरे में ही गुम हो गए। दोनों का सारा वक्त साथ-साथ ही गुज़रता। दुनिया कि नज़रों से परे के इस रिश्ते को कई तरह से देखा गया और कई तरह से समझा गया। किसी ने इसे अरस्तू और सुकरात के रिश्ते की तरह देखा किसी ने इसे सिर्फ एक मुक्कदस रिश्ते की तरह देखा। लेकिन इस बात से किसी को इंकार न था कि उनका समय सूफी-अध्यात्म की बातों में ही ख़र्च होता है। दोनों बहुत ख़ुश थे मगर इन हालात से बाकी सब फिर से ख़फा हो गए। वे सब फिर से ख़ुद को उपेक्षित सा महसूस करने लगे। उनके मुरीदों में फिर से नाराज़गी पैदा हो गई। इस बार फिर अलाउद्दीन इस काम में पेश-पेश थे। उसे शम्स और अपने बड़े भाई सुल्तान वलद से एक सौतिया डाह सा हो गया था। वह मानता था कि पिता उसकी उपेक्षा कर इन दो लोगों को अहमियत दे रहे थे।

अब इस जगह फिर दो कहानियां हैं, पहली कहानी यह है कि 5 दिसम्बर 1248 की रात जिस समय शम्स और रूमी हमेशा की तरह अपनी बातों में मशगूल थे तभी शम्स को किसी बहाने बाहर बुला लिया गया। इसके बाद वे फिर कभी वापस नहीं लौटे। एक मान्यता के अनुसार रूमी के बेटे अलाउद्दीन ने दूसरे नाराज़ लोगों के साथ मिलकर शम्स की हत्या कर दी और उसके कहीं दफन कर दिया। दूसरी कहानी यह है कि शम्स ख़ुद ही ग़ायब हो गए और फिर दोबारा कभी कहीं उन्हें देखा नहीं गया। अब सच जो भी हो लेकिन रूमी के जीवन से शम्स तबरेज़ जिस्मानी तौर से 1248 में दूर चले गए। रूहानी तौर पर तो शम्स की मौजूदगी का एहसास उनकी ज़िन्दगी के आखिरी लम्हे तक बना रहा।

शम्स के फिर से जुदा हो जाने पर इस बार रूमी ने पिछली बार की तरह ख़ुद को किसी क़ैद में नहीं डाल लिया। इस बार कुछ मातम के बाद उन्होंने लिखा कि मैं जान गया हूं कि जो 'वो' था 'मैं' भी अब वही हूं। 'वो' मुझसे अलग न होकर मुझमें ही है। रूमी ने शम्स की रूहानी लौ को भले ही अपने अन्दर कायम रखा मगर शारीरिक रूप से किसी न किसी व्यक्ति को भी शम्स की बदल की तरह हमेशा ही अपने साथ रखा। मानो अब व्यक्ति के की उनके लिए कोई मायने नहीं रह गए हों । इस कड़ी में उसका पहला साथी बना एक बेहद मामूली सा सुनार सलाउद्दीन ज़रकोब।

शेख सलाउद्दीन ज़रकोब (सोने के वर्क बनाने वाला) सोने के वर्क कूटने

का काम ज़रुर करता था पर वह रूमी का गुरू भाई भी था। शेख बुरहानुद्दीन से किसी समय दोनों ने साथ शिक्षा ली थी। एक दिन मौलाना रूमी का गुज़र उसकी दुकान के सामने से हुआ। सलाउद्दीन उस समय हथोड़े से वर्क कूट रहा था। हथोड़े की हर चोट के साथ ही फ़ज़ाओं में संगीत गूंज रहा था। चोट में कमाल की लय थी। इस लय ने रूमी पर ऐसा नशा तारी कर दिया कि वे उस धुन पर नाचने लगे। 'हाल'की स्थिति में चकफेरियां लगाते मौलाना पूरी तरह से बेख़ुद हो चुके थे।

तो सलाउद्दीन की बात पूरी कर दूं। रूमी की इस हालत को देखकर सलाउद्दीन के लिए अब हाथ रोकना मुमकिन न था। उसने रोका भी नहीं। वह लगातार वर्क कूटता और संगीत पैदा करता रहा। नाच भी चलता रहा। वर्क कुट-कुट कर पूरी तरह नष्ट हो गए । मगर हाथ न रुका और आखिर उस संगीत और नाच का जादू सलाउद्दीन पर भी इस कदर चढ़ा कि वह भी दुकान से बाहर निकल आया। उसने अपनी सारी दुकान खड़े-खड़े ही लुटा दी और ख़ुद मौलाना के साथ हो लिया । यह साथ ऐसा रहा कि एक मिसाल बन गया।

रूमी ने अपने बेटे सुल्तान वलद की शादी सलाउद्दीन की बेटी से करवा दी और एक रिश्ता कायम कर लिया। यह रिश्ता भी रूमी के शिष्यों की आंख में खटका मगर कोई हादसा नहीं हुआ।

1258 में सलाउद्दीन के गुज़र जाने के बाद रूमी ने शेख़ हिसामुद्दीन चिल्पी तुर्क को उसकी जगह दे दी। चिल्पी भी शम्स तबरेज़ का ही शिष्य था। वह बहुत विद्वान और पढ़ा-लिखा इंसान था। उसी ने रूमी को मजबूर किया कि वह सनाई और अत्तार की तरह मसनवी के अंदाज़ में अपने 'हासिल' को लिखें और लोगों तक पहुंचाए। इस पर रूमी ने फौरन अपनी पगड़ी से एक कागज़ निकालकर हिसाम को थमाया जिस पर मसनवी के पहले 18 शेर लिखे थे। यह बांसुरी वाली कहानी है जिससे रूमी की मसनवी की शुरूआत होती है। इस दिन के बाद से रूमी झूमते-गाते जाते और हिसाम उसे लिखने,सहजने, समेटने का काम करते जाते।

यह सिलसिला 12 साल तक चलता रहा। 1273 में रूमी की मृत्यु तक यह सिलसिला चलता रहा । इसका नाम रखा गया 'मसनवी-ए-मानवी'। इसकी छह जिल्द में 26800 दो पदी छन्द हैं। दो पदी छन्द से मतलब है गज़ल के मतले की तरह उसके हर शेर की दोनों लाईन का रदीफ एक ही होता है। मुख्यत: फारसी (कहीं-कहीं अरबी) भाषा वाली इस मसनवी में किस्से, कहानियों की मदद से रूमी ने अपना रूहानी तजुर्बा बयान किया है।

अब तक दुनिया की लगभग सभी भाषाओं में रूमी का अनुवाद हो चुका है मगर उसकी लोकप्रियता आज जैसी शायद कभी नहीं रही। आतंकवाद के साये में जीती-मरती, दिन-रात दौलत की दौड़ में लगी इस दुनिया को आज हमेशा से पहले सूफी दर्शन की ज़रूरत महसूस हो रही है। आज अमेरिका में रूमी के नाम की धूम मची है। पिछले कई साल से रूमी के कलाम के अंग्रेजी अनुवाद वहां सबसे ज़्यादा बिकने वाली किताबों में से हैं।

अब कुछ व्यक्ति के बारे में। रूमी का कलाम और उनकी ज़िंदगी तसव्वुफ का बेहतरीन नमूना है। सूफी दर्शन में इंसान उस सृजक का सर्वोत्तकृष्ट सृजन है। सूफी की आकांक्षा, उद्‌देश्य होता है इंसान से इंसान-उल-कामिल(सम्पूर्ण मानव) की स्थिति तक पहुंचना।

इस इंसान की अंतिम उपलब्धि होती है; 'फ़ना'और 'बक़ा'! फ़ना का अर्थ ईश्वर में जाकर समाहित होना। उस परमात्मा के साथ, जिसका कि हम सब अंश हैं, पुनः 'एकत्व' प्राप्त कर लेना बक़ा है। 'फ़ना' अंतिम उपलब्धि का पहला और 'बक़ा'आख़िरी मकाम है।

रूमी की कविता बार-बार फ़ना की बात करती है। मतलब ख़ुद को ख़ुदा में जज़्ब कर देने की बात। मौत को वे मुक्ति और अमर मिलन की तरह पेश करते हैं। ख़ुद को लहू करके दिव्य दृष्टि पा लेना। उसके नशे में डूबकर मैख़्वार बन जाना। मजनू की तरह 'इश्क' में दीवाना हो जाना। रूमी के कलाम में मजनू बार-बार आता है। ऐसा मजनू जो अपने माशूक की गली के कुत्ते को भी चूमता चाटता है।

शरीर यहां बस लबादा है। एक चोला। इस सच को रूमी की कविता जगह-जगह रेखांकित करती है। अपने जीवन में भी उन्होंने इस सच को जीकर दिखाया। शम्स जैसे महबूब के जाने को भी उन्होंने बड़ी ख़ामोशी से स्वीकार कर लिया। शम्स की जगह सलाउद्‌दीन को बिठा दिया जो कि उसकी अपनी तुलना में बहुत ही कम पढ़ा-लिखा था, इसका जवाब भी रूमी ने दिया है-

तब आया था तो आया था
सुर्ख़ लबादा ओढ़े
अब आया है तो
वही लबादा
हो गया है भूरा

औरों को फ़ना की राह दिखाने वाले रूमी का अपना अकीदा कितना मज़बूत

था इस बात का भी एक उदाहरण है। रूमी जब आख़िरी दिनों में बहुत बीमारी की हालत में बिस्तर पर थे तब उनकी हालत देखने शेख सदरुद्दीन आए और उनके जल्द सेहतयाब होने की दुआएं करने लगे। रूमी ने कहा 'ऐसा तो मत करो! अब जबकि आशिक और माशूक के बीच एक बाल बराबर फासला रह गया है। उस घड़ी तो ऐसा मत करो। क्या तुम नहीं चाहते कि यह नश्वर शरीर उस अनश्वर में विलीन होकर एक हो जाए?'

अगले दिन रूमी का अपने माशूक से मिलन हो ही गया। सारी दुनियादारी निभाकर ही वह अनंत में विलीन हुए। दुनिया से दूर भागकर नहीं। रूमी सामाजिक रूप से सक्रिय जीवन जीते हुए आचरण की शुद्धता का मार्ग दिखाते हैं। उनकी कविता मानव सभ्यता के हर दौर में यही रास्ता दिखाती रहेगी और उसकी जरुरत हमेशा महसूस होती रहेगी।

—राजकुमार केसवानी

तेरे घर का रास्ता

तुम कि जो / बुलाए हो मुझको घर
तो फिर / दिखाओ रास्ता भी
कि नहीं को जानता
मैं तेरे घर का रास्ता

दीवाना बनाया तुमने
सबको, शहर ओ गांव
कहां है वो घर?
ज़रा को दिखाओ मुझे
कि नहीं को जानता
मैं तेरे घर का रास्ता

कैसे करो हो उम्मीद / कि जानूं उसे
जो कभी को देखा भी नहीं
बढ़ाओ कदम!
न दुखाओ मुझे / बस और ज़्यादा
कि नहीं को जानता
मैं तेरे घर का रास्ता

ए अज़ीम मौसीक़ार!
अपना बाजा बजा
तू हाथों से अपने

बजा तू ये धुन
मेरे दिल को बयान करती :
कि नहीं को जानता
मैं तैरे घर का रास्ता
पैर फैलाने के सपने देखता

***

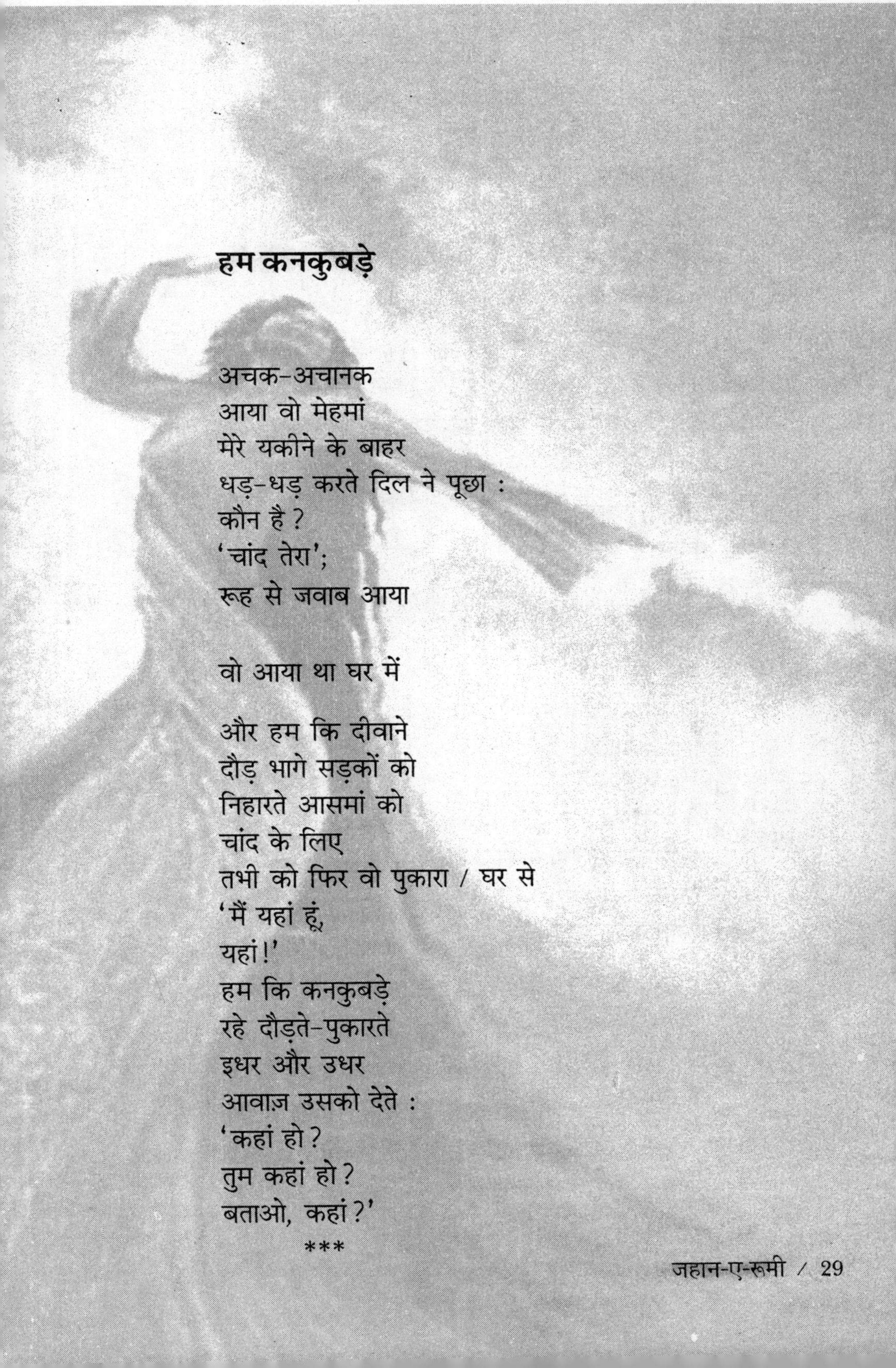

हम कनकुबड़े

अचक–अचानक
आया वो मेहमां
मेरे यकीने के बाहर
धड़-धड़ करते दिल ने पूछा :
कौन है ?
'चांद तेरा';
रूह से जवाब आया

वो आया था घर में

और हम कि दीवाने
दौड़ भागे सड़कों को
निहारते आसमां को
चांद के लिए
तभी को फिर वो पुकारा / घर से
'मैं यहां हूं,
यहां!'
हम कि कनकुबड़े
रहे दौड़ते–पुकारते
इधर और उधर
आवाज़ उसको देते :
'कहां हो ?
तुम कहां हो ?
बताओ, कहां ?'

***

हमारा 'होना'

हम सब हैं शेर
परदों पे बस लहराते हुए
बढ़ते जाते हैं कि आगे को बस
इक हवा के ज़ोर से

बढ़ना हमारा
दिखे है बराबर
और हवा है
कि बस को दिखती नहीं

बनी हुई है
कि यूं ही बनी रहे
हम पे सदा
उस ग़ैब[1] की
ये तेरी हवा
बस चलाती रहे यूं ही
हमको
हमारे होने को

हमारी हस्ती
ये पूरी की पूरी
है लाना तुम्हारा
हमको
हमारे 'होने' में

***

---

1. ग़ैब : अदृश्य शक्ति

उसने कहा

उसने कहा : तू कि दीवाना नहीं
ये कि तेरा घर नहीं

मैं कि दीवाना बना
ज़ंजीरे-इश्क में बंधा

उसने कहा : तू कि मदहोश नहीं
ये कि तेरा घर नहीं

मैं कि मदहोश बना
मस्त मस्ताना बना

उसने कहा : तू कि है नाबूद नहीं
खुशियों में डूबा नहीं

मैं कि जां निसार किया
जां-आफरी के क़दमों में

उसने कहा : तू हुशियार / तू चालाक है
ख्वाबों में डूबा / सवालों से भरा है

मैं कि बस नादान बना
ख़ुद की ख़ुदी को ख़ाक किया

उसने कहा : बना हुआ है तू कन्दील
परवानों से घिरा हुआ

अब न तो कन्दील मैं कोई
न कि मेरी है दुनिया कोई
अब कि जो कुछ भी हूं मैं
सिर्फ हूं धुआं ही धुआं
तैरता हुआ / हवाओं में तेरी

***

मैंने कहा

उसने पूछा : कौन है दरवाज़े पे?
मैंने कहा: तेरा ही इक हकीर ग़ुलाम
उसने पूछा : क्योंकर है आया?
मैंने कहा : पनाह को तेरी
उसने पूछा : कब तक फिरेगा आवारा?
मैंने कहा : आवाज़ तक तेरी
उसने कहा : कब तक रहेगा कायम जुनूं तेरा?
मैंने कहा : ता क़यामत, जां मेरी

किए इश्क़ के दावे
कि खाई हज़ार कसमें
तेरे इश्क़ में बावला मैं
छोड बैठा हूं मर्तबा अपना
हुकूमत अपनी

उसने कहा : मुंसिफ तो चाहे गवाही
सबूत दावे का
मैंने कहा: ये आंसू मेरे
ये ज़र्द चेहरा मेरा
उसने कहा : तेरी आंखें बतातीं
गवाही है झूठी
मैंने कहा: तेरी मुंसिफी से हूं बदला

ये इनायत तेरी
उसने कहा : तो फिर अब तू चाहे है क्या?
मैंने कहा : तेरी सरपरस्ती
वो मोहब्बत तेरी
उसने कहा : वो अता है तुझे
और क्या तवक्को तेरी?
मैंने कहा : बस कि लुत्फे-सोहब्बत तेरी
उसने कहा : हमराह अब तक कौन था तेरा?
मैंने कहा : तेरा ख़्याल
यादें तेरी
उसने पूछा : वो कौन सी शै
जो तुझको यहां लाई?
मैंने कहा : जाम तेरा
चाहत तेरी

***

मकां-ओ-लामकां

ऐ मुसलमानों! मैं कि आखिर को करुं क्या
न समझा हूं कि कौन हूं मैं और क्या हूं मैं

जो सोचूं / न लगूं हूं मैं यहूदी / न कोई ख्रिस्तानी
न कोई पारसी मैं / न ही बात मुझमें कोई मुसलमानी

न तो मैं रहूं हूं मग़रिब में / न मेरा मकाम मशरिक में
न तो मैं कोई जवाहिर / न ही आसमां का सैयारा[1]

न तो ख़ाक से हूं जन्मा, न हवा का खेल हूं मैं
न तो आब[2] से हूं उछला / न हूं चिंगार आतिशी का

न तो अर्श से मैं आया / न तो फर्श से जनाया
न तो मैं जहां का कुंद रेज़ा[3] / न ही मैं किसी खदां से निकला

न तो हूं अहले-हिंदोस्तान / न ही मैं मकामी चीन का
न वतन बलगारिया मेरा / न ही सक़लातिया हूं मैं

न तो ईराक मुल्क मेरा / न ही है खुरासान में डेरा
न तो मैं हकीरे-दुनिया / न ही मैं फकीरे-आसमानी

न जन्नत पे मेरा दावा / न ही दोज़ख में मेरा आवा[4]
न तो आदम का मैं पला हूं / न ही हौवा में मैं ढला हूं

मेरा मकां है लामकां / निशान मेरा बेनिशानी

न तो कोई जिस्म मेरा, न ही मेरी कोई जां है
गर को है तो वो बस / उस जानाना की जां है

दिल और दिमाग से है
मैंने निकाल फैंका
हर ख़्याल दुनिया का

वही वो है, कि बस-बस वही वो है
कि जिसको जानू हूं मैं
वही दीद मेरी / वही नाम मेरा
वो ही तलाश मेरी

वही अव्वल, वही आख़िर / वही ज़ाहिर कि नाज़ाहिर
कि ये भी तू मेरा / कि वो भी तू मेरा
मैं न पालूं हूं किसी ग़ैर का फेरा

मैं पीके जामे-इश्क मस्ताना बना हूं
दो आलम को छोड़ दिया है / बस दो हाथ खोलकर
हुआ हूं बे-सरो-सामां / फकत है रिंद[5] सी रिंदी,
फकीरी-फकीराना सी

अगरचे दौरे-उम्रां में / कोई दम सांस ले ली है
तुझे भूल कर के

मैं अब तक पशेमां हूं / उस लम्हें को याद करके

अगर मिल जाए तू बस / घड़ी भर को
इसी मेरी हालत में
दो आलम को कुचलकर / अपने पांव से
क़ता[6] कर लूं मैं हर रिश्ता एक ही दम में

***

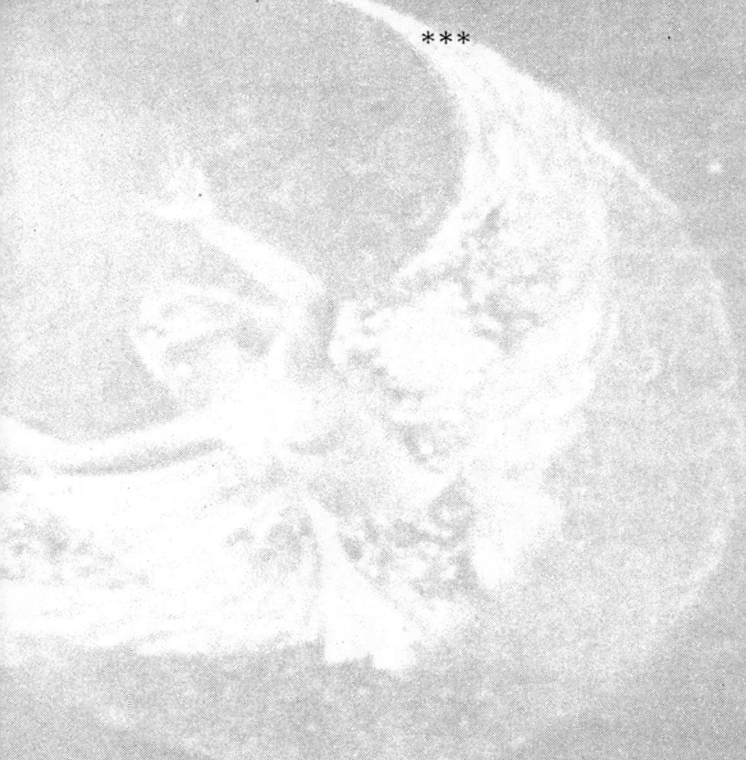

1. सैयारा : तारा / नक्षत्र, 2. आब : पानी 3. कुंद रेखा : मामूली सा कण / अणु
4. आवा : ठिकाना, 5. रिंद: शराबी, 6. क़ता : तोड़ लेना।

मैं

सोचा करू हूं दिन भर
कहता फिरूं / फिर को रात में-
मैं कौन हूं?
कहां से आया हूं?
और क्या करना है मुझे?

मेरी रूह आई है कहीं और से
यकीं है मुझे
मैं चाहूं हूं पहुंचना / आख़िर को
बस उसी जगह

जहां पे चढ़ा है ये नशा
वो दूसरा है मैख़ाना
जब कभी को जा पहुंचूंगा
उस जगह के आस-पास
ज़ी-होश[1] बन जाऊंगा / पूरी तरह
उस घड़ी को मैं

मैं अबाबील[2] हूं / किसी और ख़ित्ते की[3]
बैठी जो उस घड़ी को / उस घोंसले में
वो दिन / बस को दूर नहीं

जब कि मैं उड़ जाऊंगी

मगर कौन है ये इस लम्हा
बैठा जो मेरे कान में
सुनता हुआ आवाज़ को मेरी ?
वो कि जिसके बोल
फूटते हैं आवाज़ से मेरी ?
ये कौन है / देखे है जो
मेरी दीद से ?

क्या को मेरी आत्मा ?

अगर मिल जो जाता
बस एक क़तरा
जवाब का
मैं तोड़ डालता इस क़ैद को / इसी घड़ी
भरी पड़ी है जो मदहोश सवालियों से

मैं नहीं आया यहां / अपनी रज़ामंदी से
और न ही जा सकता हूं मैं / मर्ज़ी से अपनी
ले जाए तो ले जाए वही
मुझको घर
जो कि मुझको लाया था
इस जगह

***

---

1. ज़ी-होश : होशमंद / सजग, 2. अबाबील : एक प्रकार की चिड़िया, 3. ख़ित्ते की : क्षेत्र की / इलाके की।

तलाश-ए-हस्ती

तू कहां से पाएगा
बाज़ार फिर इस जैसा
के जहां पा जाए तू
बग़ीचे हज़ारों गुलाब के
फक़त इक गुलाब के बदले

कि किस जगह तू पाएगा
आसमानों से महकते जंगल
बस बदले में एक बीज के?

वो बरकत भरी हवाएं
बस और बस
तेरी इक सांस के बदले?

डरा हुआ है ख़ौफ से
जमीन खा जाएगी तुझे?
कि हवाए-आसमानी
उड़ा ले जाएगी तुझे?

ज़रा, सोच कर देख!
ये नदियों का पानी

जो जाकर गिरे है
आख़िर को
समन्दर में
वो आया
तो आखिर को
आया कहां से?

गो कि माना
सूरत है उसकी बदली
मगर को रहा आए तब भी
वो पानी का पानी
और वही उसके मानी

न को तू मलाल कर
ख़ुद के यूं खो जाने का
कि तू खोएगा जिस जगह
वो तेरी हस्ती का अज़मतख़ाना[1] है

कि तेरा समन्दर
जिस घड़ी भी आए
तेरी जानिब
बड़ाए हाथ दोनों
बस तू चूकियो मत
ख़ुदा के वास्ते
पकड़ लेना
तू हाथ उसका
बस उसी घड़ी
कि कल पे छोड़ने का

कोई मौका नहीं
अगर है ये मौका
तो बस है
तेरी हस्ती का पा जाना
अपनी हस्ती को

***

1. अज़मतख़ाना : प्रतिष्ठा का स्थान।

तलाश

वो मेरे यार की ज़ुल्फों के पेचो-ख़म
कि खुल खुलकर के
दिखाते रहे राह मुझको सदा

अब कि क्या करूं
जबकि बिखरी जाती है बस कि राहें
पर कि दिखती नहीं हैं यार की ज़ुल्फें

तलाशा कि मैंने उसको सलीबो-निसरानियों में
मगर घूंघट भरी उसकी जुल्फें न थी वहां पर कहीं भी

मैं कि जा पहुंचा
कदीमी से एक मंदिर में
कि शायद मिले उसका कोई निशां

बहुत देखा किया
कि जो कुछ था वहां
मगर न था
तो वो ही न था
कि जिसको मैं ढूंढा किया

चढ़ के देखा बलंदी पे
हिरात[1] के पहाड़ों पे
और कि ज़मीने कंधार
पे उतरकर
बस कि ढूंढता रहा
दीदार को तड़पता
न को सू-ए-आसमां
न ज़मीन पे निशां

था इक यकीन सा
मिलेगा कोहे-काफ[2] में ज़रूर
मगर कि वहां पर
बसेरा था
तो था वो हूरों का

फिर भी मैं तलाशा किया
जा के काबे को भी पहुंचा
मगर जा के देखा
न था वो वहां
मगर थी ज़रूर भीड़ इक
उसे ढूंढती हुई

हकीम इब्नसीना भी निकला लाचार
इस जगह पे
जो उससे पूछा पता उसका
ख़बर उसकी

थक-हारकर के नजर मैंने नीची जो की

झांका गहराई-ए-दिल में
और ये क्या?
कि वो तो यहां मौजूद है!
कि भटकता रहा
मैं जिसे ढूंढता / ख़ाक छानता
न जाने कहां-कहां
न जाने किस-किस जगह

***

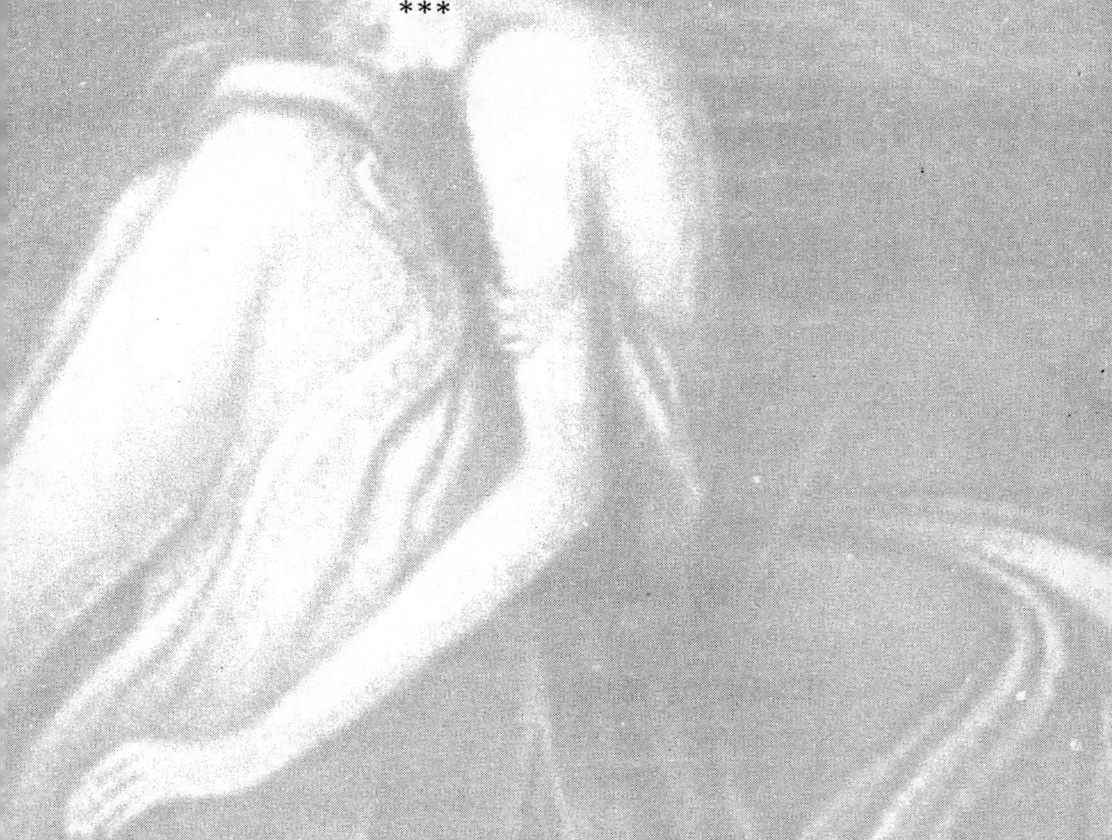

1. हिरात के पहाड़ : अफगानिस्तान का एक नगर, 2. कोहे-काफ़ : काके शिया का पहाड़ जो अपने सौंदर्य के लिए प्रसिद्ध है तथा तिलिस्मी देवों, परियों, हूरों के बसेरे की तरह प्राचीन कथाओं में उल्लेखित है।

कासा[1]-ए-सल्लाउदीन

इन हज़ारों 'मैं' और 'हम' वालों में
कौन सा हूं मैं?

कोशिश करो ना
मुझे रोकने की
कुछ पूछने की
सुनते ही रहो बस तुम
जिस घड़ी को दिखूं-
बेज़ाब्ता, बेइख्तयार
मत रखियो
कोई भी शै तुम
मेरे रास्ते में
कि जो टूटती हो

मेरे अन्दर असल में
एक असल भी है

यहां पर जो है
वो है शीशा
तुम्हारे लिए

अगर को खुश हो तुम
तो फिर को हूं मैं भी
तुम अगर हो रंजीदा
या कि तल्ख़ी[2] से भरे
मैं भी होता हूं वही
बस को उस घड़ी

चरागाहों में खड़े
पेड़ के साए की तरह
रहता हूं गुलाब से चिपटा
गुलाब की परछाईं सा

तुमसे जुदा कर लूं अगर ख़ुद को
बन के रह जाऊंगा बस मैं कांटा

हर घड़ी पीता हूं प्याला
अपने ही लहू की शराब का
और हर बार तोड़ देता हूं
खाली हो चुका जो प्याला

दरवाज़े पे पहुंच जाता हूं
चाहता
खोल दो तुम
बस मुझे खोलकर

सल्लाउदीन की फ़ैयाज़ी[3]
जला देता है
इक कन्दील

छाती में मेरी

तब कौन हूं मैं?
एक ख़ाली कासा उसका

***

1. कासा : प्याला /चषक, 2. तल्ख़ीः कटुता, 3. फैयाज़ी : खुले हाथों बांटना ।

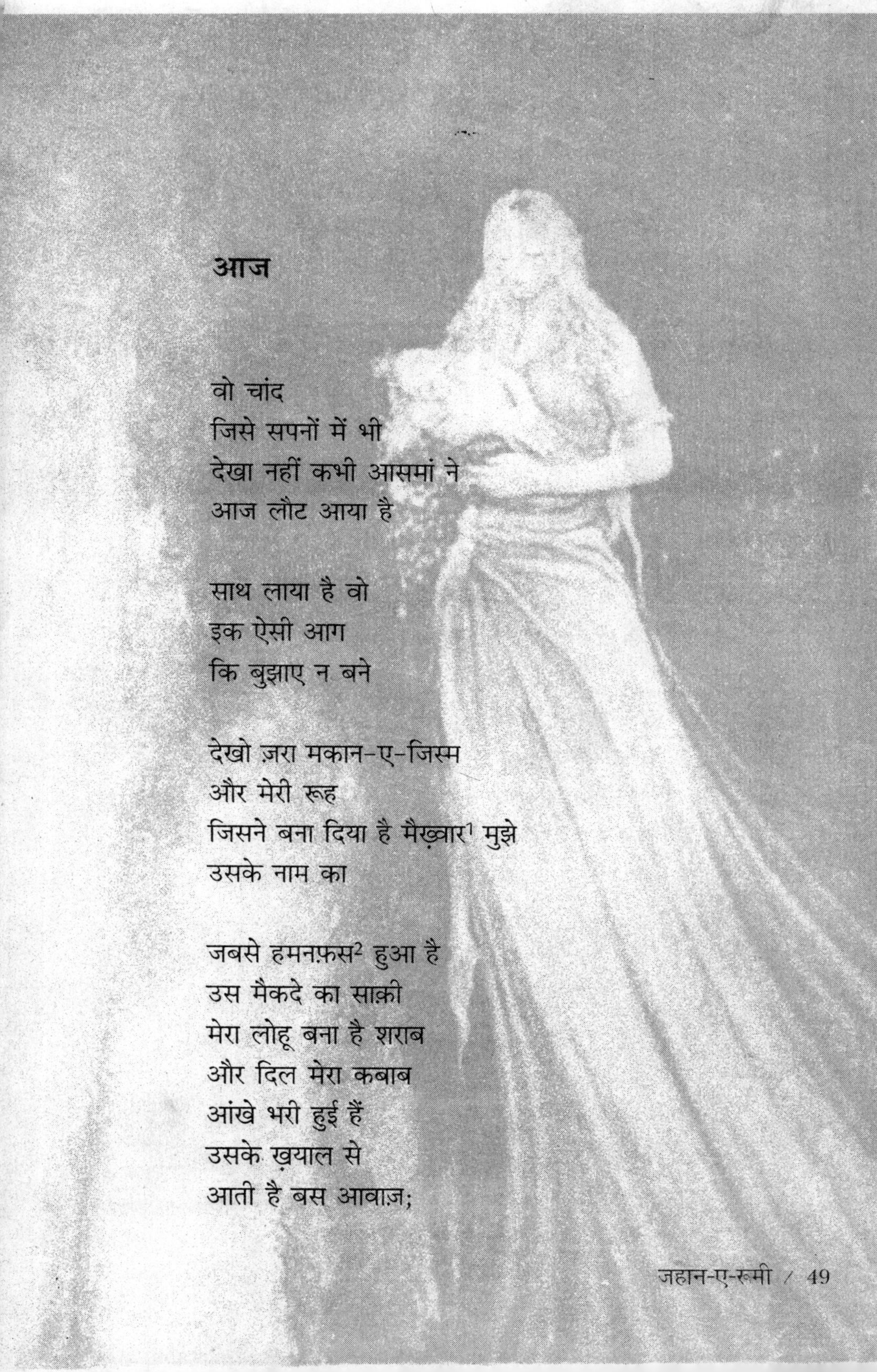

आज

वो चांद
जिसे सपनों में भी
देखा नहीं कभी आसमां ने
आज लौट आया है

साथ लाया है वो
इक ऐसी आग
कि बुझाए न बने

देखो ज़रा मकान-ए-जिस्म
और मेरी रूह
जिसने बना दिया है मैख़्वार[1] मुझे
उसके नाम का

जबसे हमनफ़स[2] हुआ है
उस मैकदे का साक़ी
मेरा लोहू बना है शराब
और दिल मेरा कबाब
आंखे भरी हुई हैं
उसके ख़याल से
आती है बस आवाज़;

बहुत खूब, ए सुराही!
मरहबा तू ए शराब!

उंगलियों ने इश्क की
खोल डाले हैं जड़ और तने
हर उस जगह कि जहां
मोहब्बत है बरसाए अपनी रोशनी

जिस घड़ी को देखा
इश्क का दरिया
यह दिल मेरा
अचानक को मुझे छोड़
कूद पड़ा ये कहता हुआ :
ढूंढो-ढूंढो, मुझे-ढूंढो।

ये आफ्ताब[3] है
जल्वा-ए-शम्सुद्दीन का
तजल्लीए[4]-तबरेज़ का
कि फिरे है जिसकी राह में दिल
बादलों की शक्ल में

***

---

1. मैख़्वार : नशा करने वाला, 2. हमनफ़स : साथी / दोस्त, 3. आफ्ताब : सूर्य , 4. तजल्ली : आभा / तेज।

ऐ मौला!

मैं कल रात लेटा
पड़ा था यूं छत पे
कि बस सोचता हुआ
तुमको
और बस तुम्ही को

तभी एक तारा
मैं देखा खुसूसी[1]
मैंने उसको बुलाया
बन जा कासिद मनाया
तुझे भेजना था एक पैगाम

तारे को करके सजदा
कहा–ले जा सजदा
उस आफताब–ए–तबरेज़ को
जिसकी किरनों में ऐसा जादू
बना दे ख़ाक को सोना

दिखा दी खोलकर छाती
दिखाए दिल के सब छाले

कहा उससे कि बस जा
जा के खबर उसकी ला
मेरे आशिक
मेरे लहू के प्यासे की

फिर कि इंतज़ार में
बेचैन फिरता रहा
जब तलक कि
तिफ़्ले-जां[2] को
आया नहीं क़रार
वो मासूम यूं सो गया गोया
झूला उसे मिल गया

मेरे दिले-मासूम को
तू ऐ मौला
नवाज़ अपने करम से
न बस तू रोक के रख
अब हमको
हमारी निजात[3] से

***

---

1. खुसूसी : विशेष प्रकार का, 2. तिफ्ले-जां : जिस्म के अंदर बैठा बच्चा,
3. निजात : मुक्ति।

बस एक

मैं कि छोड़ बैठा
दो और दो का फेरा
कि जब देखूं हूं अब
दिखे हैं बस कि दोनों जहान-एक

अब कि चाहूं तो इक चाहूं
अब कि जानूं तो इक जानूं
अब कि देखूं तो इक देखूं
अब कि दूं आवाज़ जब
आवाज़ दूं मैं बस उसी एक को

***

कुछ न होना

चल कि तुझसे बात करें
बस कि तुझसे बात करें
कि हर लफ़्ज, आवाज़
या कि उसकी माने छोड़कर
आ कि तुझसे बात करें

चल कि बतलाऊं तुझे
जो कि बतलाया नहीं
मैने कभी भी आदम को
चल कि बतलाऊं तुझे
जो कि बतलाया नहीं
मैंने कभी ख़लील को
है जिब्रील जिससे बेखबर

वो कि सुन जिसे
मसीहा न बोला कभी
वो कि जिसे हिजाब से
कह न पाया मौला मेरा
किसी और से पहले

कि सुन!

मैं का मतलब है क्या
कि जान!
मैं का मतलब
मिट जाना है अपनी ज़ात से
मैं नहीं कोई शै
अगरचे है कुछ तो बस है-कुछ न होना
होना न होना से परे
कुछ न होना

***

सुन बांसुरी की

सुन बांसुरी की / कि सुन बांसुरी की
कि सुन उसकी सदा
कि सुन उसके नाले / जुदाई के
अपनी जड़ों से

है फरियाद करती
मुझे काट कर
जो लाए हो तुम
मेरी रूह की आवाज़
जब भी निकले
क्यों रोया करो हो तुम?

मैं कि बस चाहती हूं
जुदाई में रोता हुआ
इक सीना पारा-पारा
कि मैं बयान कर सकूं
अपनी कहानी पूरी
कि अपना हाले-दर्द सारा

जब भी हो जाए कोई दूर
अपनी जड़ों से

वो भी आवाज़ दे तो बस
अपनी जड़ों को
कि आवाज़ भी उसको आए
तो बस अपनी जड़ों से

मैं कि रोई हूं रोई
कि हूं बस को रोई
मैं तो सबके लिए हूं रोई
कि था वो अच्छा कि बुरा
या फिर कि और कोई

मुझे थामकर सब ही
हैं अपनी तान गाते
सुनें बस कि खुद को
मुझे राह में ही भुलाते

मेरे सुरों में जानो
मेरे दर्द का राज़ भी है निहां[1]
मगर आंख-कान को
पहचान की वो रोशनी है कहां

जिस्म रूह से
और रूह जिस्म से
पोशीदा नहीं
लेकिन करो कि क्या
कि रूह देखने का
कोई दस्तूर भी तो नहीं

बांसुरी की धुन
है तो बस है
आग
हवा वो नहीं

न हो आग जिसमें
इस आग जैसी
समझो बस कि फिर
वो तो जिन्दा भी नहीं

इश्क की आग है वो
जो कि है
सुरों में बांसुरी के रोशन
और जोशे-इश्क है वो
जो दिखे
मस्ती-ए-शराब में रोशन

बांसुरी अज़ीज़ उसकी
जो कि बिछड़ा हो
अपने यार से
कि रागों से उसके
जलवागर हो सच्चाई
हो जाएं परदे तार से

है बांसुरी सा कौन
जिसने पिया हो
ज़हर पे ज़हर
दोनों एक साथ?

है बांसुरी सा कौन
जो कि हो हमराज़ भी दमसाज़[2] भी
वो भी दोनों एक साथ?

कि ये बांसुरी सुनाए है
पुरदर्द अपना किस्सा
डूबा हुआ लहू में
वो सुनाए है किस्से
इश्क में डूबे हुए
जुनून और मजनून के

हम भी गोया रखते हैं
दो मुंह
जिस तरह की बांसुरी
इक तरफ इक
दूसरा कि गुम
बांसुरी के होठों में

मुंह से उसके निकले हैं नाले
जो कि है जानिब तेरी
भर दिया है आस्मां उसने
अपनी हाय-हाय से

मगर कि है जिसे
आंख वो मय्यसर
ये जानता है वही
आवाज़ है वो उस सिरे की
कि इस सिरे से थी जो निकली

कि आवाज़ बांसुरी की
उठी है
तो उठी है
उसकी सांसो से
सुनाई देती है जो
एक आवाज़ बनकर
दरअसल
रूह का पैगाम है

इस राज़े-होश को समझेगा वो
कहता हो जो होश
पर को वो बेहोश हो
कोई नहीं समझता
सिवा इक कान के उसकी
हो कुछ भी वो कहता
जो ज़ुबा को

***

---

1. निहां : छुपा हुआ, 2. दमसाज़ : गाने में साथ देने वाला/ दोस्त।

हम और हमारा रोना

हम कि जैसे बांसुरी
और संगीत हम में तुम्हारा

हम कि जैसे परबत
और उसमें गूंजना तुम्हारा

हम कि जैसे मोहरे शतरंज के
जुटें बस हार-जीत में

हमारी हार-जीत है तुमसे
हमारा कमाल तुमसे
कि तू है बाकमाल

हमहूं कौन हूं, तेरे होते हुए
कि तू है तो है
हमारी आत्माओं की आत्मा

बना रहना है बस कि बन के तेरा
बने रहकर के नज़दीक तेरे

हम और हमारा होना है
सचमुच ही.... न होना
ये तेरा कमाल-ए-हस्ती
दिखाए पाएदारी[1]
ना-पाएदार में

***

1. पाएदारी : मज़बूती।

लैला से परे मजनू

लैला से परे मजनू / बीमार हो गया
रंजो-जुदाई में डूबा / बेज़ार हो गया

जुदाई के शोलों से लोहू उबलने लगा
जिस्म मजनू का गोया को जलने लगा

इलाजे जिस्म को तबीब जब आए
रगों से ख़ून निकलेगा / वो ये बतलाए

निकलेगा खूं तब जब कि रग को चीरा जाए
है ज़रूरी कि किसी फ़स्दज़न[1] को लाया जाए

माहिरे फ़स्द आकर के बांध दिये मजनू के हाथ
निकाले जब नश्तर / मजनू ने कह दिया ये साफ

सहूंगा न ये ज़ुल्म / ले रकम अपनी और यहां से तू जा
जाएगा बस को ये जिस्म ही तो / अगर को मर भी गया

ऐ तू मजनू बता / यूं करके माहिरे-फ़स्द ने पूछा
तू ये कहता है जो कि शेरे-बब्बर से नहीं डरता !

तू , जो कि घिरा रहता है हरदम को दहशतदारों में
बेखौफ घूमता फिरे है सदा खूंखार सी हुंकारों में

मजनू ने मुस्करा के कहा यूं: डरता नहीं मैं नश्तर से
पहाड़ को जो चाहूं तो हरा सकता हूं, मैं अपने सबर से

मैं वो तीर खाने वाला, तड़पूं हूं जब कि बे-तीर रहूं
आशिक हूं मैं ज़ख्मों का, तड़पूं हू जब कि बे-पीर[2] रहूं

मगर जान ले तू समझ ले / ये जो है जिस्म मेरा ,
अनमोल सीपी कि जिसमें / लैला सा मोती धरा

इसलिए तू सुन ऐ माहिरे-फ़स्द / अब मेरे खौफ़ को तू
दर्द से तड़पेगी लैला की जां, खोलेगा गर फ़स्द को तू

समझेगा इसे वो दानिशमन्द / दिमाग से जो रौशन होगा
किसी दम को मैं और लैला एक-दूजे से नहीं हैं जुदा

लैला बसे है मुझमें हरदम, लैला में बसा मैं
हम दो, रूह मगर एक है/मैं कहो तो वो, वो कहो तो मैं

***

1 फ़स्दज़न : रगों से खून निकालने वाला, 2. बे-पीर : बिना पीड़ा के।

बेख़ुद और बाख़ुद

ख़लीफ़ा ने किया यूं सवाल लैला से,
क्या कि तू ही है वो
जिसकी खातिर जुनूं में है मजनू?

पर को तू तो नहीं है ख़ूबतर
ज़माने की हसीनों से
फिर क्यों पटके है सर मजनू ज़मीनों पे?

लैला ने यूं कहा, बस, कि रह ख़ामोश
न तू मजनू, न मजनू की सी दीद तुझमें
अगर होती जो नज़र
न देखती दो आलम को वो फिर को
और फिर तू कि ठहरा बाख़ुद और मजनू कि बेख़ुद
समझ लो / जान लो
इश्क की राह में
हुशियारी
हराम है

***

नाम-ए- लैला

वो सहरां में बैठा अकेला
उस पर कि ख़ामोश
रहगीर ने जब इस तरह देखा

बनाकर रेत को काग़ज़
और कलम उंगलियों को
लिखे जाता है ख़त
सहरां के उन ज़र्रों पे
न जाने नाम किसके

गुज़रते हुए ने किया ये सवाल
ऐ शैदाई
ऐ मजन!
तू ये लिखता है ख़त
तो आखिर तू लिखता है किसको?

'करू हूं मश्क बस
नाम-ए-लैला की
दिये हूं दिल को बस
दिलासा इसी बात से'

***

उसकी गली का कुत्ता

कि मजनू करे है / ये कूकर[1] से प्यार / यूं कर
कि लोग बातें करें
कि चूमे वो उसको
है चाटे वो उसको / लगाए वो लोटें / सो क्यूं कर?

चकफेरियां लगाए / यू चौगिर्द उसके
ज्यों हाजी के फेरे / लगें आस्ताना-ए-काबा के

ले सर के वो बोसे / कदमों को चाटे उसके
गुलाबों के शर्बत / वो खांडो के अमृत / पिलाए है उसको

एक बेख़बर ने पूछ लिया / कि ऐ बेअक्ल मजनूं!
किया करो हो / तमाशा
यूं ही बेवजह का / जो देखो तो हरदम

ये कूकर तेरा है नापाक कि खाए है नापाक
वो चाटे जुबां से / सदा अपनी जा[2] को / जो नापाक
दर है नापाक

किया ही किया वो ख़राबी / बस को कूकर की / बने रह के इंसां
वो बस देखता रहा वो / जो कि दिखता रहा आंख को
रहा बस ग़ैब से बदगुमां वो

मजनू ने तब कहा यूं / बदसवाली[3] से
देखे है जो तू ये ऊपर से / वो कि बस बदन है / बस कि सूरत है
घड़ी भर को / तू अंदर को आ / लगा ले चश्मा / मेरी आंखों का

कि ये कूकर है / कि जादू है / ख़ुदाई का
पासबाने कूचा-ए-लैला[4] की शक्ल में

उसके दिल, जिगर को पहचानो / सराहो उसकी हिम्मत को
कि रहने को देखो/चुना है जो उसने / चुना है / किस जगह को

'कहफ' वालों के कूकर की मानिन्द
है वो हमदर्द मेरे दर्द का / है वो बस कि है हमदम मेरा

रहे है कि जो कि गली में / माशूक की मेरी
उसकी ख़ाक के ज़र्रे / हैं बढ़कर के मुझको शेरे-बब्बर से

***

---

1. कूकर : कुत्ता, 2. जा : स्थान / जगह (कुत्ते अक्सर अपनी ज़बान से अपनी बैठक के स्थान को चाटते हैं), 3. बदसवाली : ग़ैर ज़रुरी सवाल करने वाला, 4. पासवाने कूचा-ए-लैला : लैला की गली का पहरेदार।

हमन मतलब नहीं

आओ, आओ! कि जो कुछ भी हो तुम
हैरतज़दा / परस्तिश[1] अदा / आशिके-तर्कशुदा[2]
हमन मतलब नहीं है कोई भी इस सबसे
कि नाउम्मीदी का नहीं है हमारा कारवां

चले आओ तुम तब भी
तोड़ बैठे हो जो
अगर को कसम कोई
हज़ारों बार
चलो छोड़ो ये सब
आओ, आओ कि तुम
फिर से आओ, आओ

***

---

1. परस्तिश : पूजा/ इबादत, 2. आशिके-तर्कशुदा : अस्वीकृत प्रेमी।

मेरे महबूब

मेरे महबूब!
मुझे ले चल

कर दे आज़ाद मेरी रूह को
भर दे मुझे बस इश्क से अपने

दे दे रिहाई मुझको
इस दो जहां के फेर से
जला दे मुझको आग भीतर से
जो चाहा हो
सिवा तेरे
किसी शै को

मेरे महबूब!
छीन ले मुझसे–कि जो कुछ भी है चाहा
छीन ले मुझसे–कि जो कुछ भी हूं करता
छीन ले मुझसे–जहां की हर इक वो शै
कि जो ले जाए है कहीं दूर मुझे–तुझसे

***

तेरे करम से

अपने तईं मैं तांबा
तेरी नज़र से, ऐ दोस्त!
बन गया हूं सोना

अपने तईं मैं पत्थर
तेरे करम से चमकूं
बन-बन के मैं नगीना

***

उस घड़ी

सुनो कि मैं जब को मरा
पा गया फिर को ज़िंदगी

रोया कि जिस घड़ी को मैं
बन गया हंसी / उसी घड़ी

जकड़ा गया इश्क में उसके इस कदर
खुद ही को मैं बन गया उस इश्क की जकड़

अब कि आंखों से दूर कुछ भी नहीं
रूह को गोया कि कोई भी डर नहीं

फिरूं हूं शेर की मानिन्द अब तो हर जगह
कि चमकूं रोशनी सा जगमगाता चार सू[1]

***

---

1. सू : तरफ / ओर।

कंदील[1]

वो देखो जो कन्दील
लगे बस को कन्दील
मगर को देखियो, ज़रा सी देर में
बन के उभरेगी वो रोशनी की लौ

फ़ना की घड़ी में
गलाए है ख़ुद को
और इस फ़ना की परछाईं
ढूंढो तो वो कहीं भी नहीं

नहीं कुछे
बस कि है वो
उजाले की ज़ुबां
सुनाती कहानी पनाह की

वो देखो ज़रा!
वो क़तरा आखिरी कन्दील का
लगे गोया कहता हुआ
चलो आज आखिर को
पहुंचा मुकाम-ए-ख़ैर
कि जहां पर है- न तो नेकी न बदी
न कोई नाज़, न ही कोई शर्मसारी
न कोई करता दावा-कुछ भी होने का

***

---

1. कंदील : मोमबत्ती।

मैं नहीं जानता

यह शाइरी
कुछ
नहीं जानता मैं
क्या मैं कहूंगा
क्या ना कहूंगा
बिना तजवीज़[1] बातें हैं सब

जब कभी होता हूं बाहर
यह कुछ नहीं कहता हुआ
ख़ामोश ही रहता हूं बस
उस जगह रहता हुआ

***

1. तजवीज़ : योजना / प्रयत्न।

देखो मुझे तो...

पढ़ा करो कि तुम मुझको
चाहे जितना
जिस कदर
न जाना है
न जानोगे

कि हूं मैं जुदा
हज़ारां तरह से
हज़ारां हाल में उससे
जिस तरह / जिस हाल में
मुझको तुम देखा किए

देखा चाहो जो मुझे
फिर को आओ मेरे पीछे
लगाओ आंख उस जगह
जहां कि मेरी आंखें
अब देखो उस तरह
कि जिस तरह

देखूं हूं मैं खुद को

वरना कि मैं
जा बसा हूं उस जगह
कि देखो मुझे तो मैं
कहीं पे भी दिखूं ही नहीं

***

आवाज़ उसकी

जबकि इन्सां बने
एक ज़रिया
रूह का
उड़ जाएं
हवा बनकर
इंसानी फितरतें सारी

फिर कि वो कहे जो
कि बोले है वो रूह बस उसकी

वो बोले जब
बसा जो इस जहां में
है आवाज़ उसकी / बात उसकी
वो बसा जो
उस जहां में

***

मुझे भी दे

लहराते-झूमते
ये क्या पीते हो तुम
बताओ!
ख़ुदारा[1] बताओ मुझे

तुम जो यूं मस्त हो के
फिरते फिरो हो घर-घर
लहकते-महकते
इस गली और उस गली

किसकी रंगत में है
किसे चूमता बैठा है तू
किसकी सूरत पे फेरता है
हाथ यूं दुलार के

कि तुम हो / रुह मेरी
कि तुम हो / ज़िंदगी मेरी
कसम ले लो
ये मोहब्बत / ये ज़िंदगी
सब है तुम्हारा

सच-सच मुझे बता दो
कहां है वो दरिया
कि भर-भर के जिससे / पिये जाते हो
जाम ऊपर जाम तुम

न छुपाओ कुछ मुझसे
मुझे उस जगह ले चलो
भर दो मेरा प्याला फिर-फिर से
पेश्तर इसके कि हो वो ख़ाली

कल रात आख़िर
इतनी बड़ी भीड़ में
तेरी नज़र में आ ही गया मैं
तेरे ही जलवों से भरे रहे
रात भर सपने मेरे

कहो हो मुझे
न भटकूं अब और ज़्यादा
तलाश बंद कर दूं
सारे अच्छे-बुरे की

मैं कहूं हूं :
ऐ ! रब मेरे
पहले मुझे भी दे / थोड़ी सी
बस वही शै
बना देती है जो
पुरनूर ज़िंदगी को

तुमने कहा / झुलस जाएगा जिस्म तेरा
मेरे इन झुलसते हुए तेज़ शोलों से
अगर को पीने भी दूं मैं तुम्हे

तुझे मिल चुका है
जो कुछ भी था / कि हिस्से में तेरे
जो तू और मांगे/ ये जोखिम है तेरी

मांगता-गिड़गिड़ता /मैं ये कहता गया
मुझे और दे-दे / मुझे और दे-दे
दिखा दे मुझे उस रिमझिम का दरिया

न मुझे ख़ौफ है
झुलसने का / जिस्म के मेरे
मैं तो हूं तैयार / पीने
हर आग और हर शोला तेरा

***

---

1. ख़ुदारा : ख़ुदा के वास्ते।

दो मोहरे

डर लगे मैख़्वारों को कोतवाल से
क्या हो अगर को ख़बर लगे
मैख़्वार है ख़ुद कोतवाल भी

मोहब्बत करे है शहर सारा
इन दोनों मदहोशों से
एक खेल के दो मोहरों जो ठहरे

***

ऐ दिल मेरे

ऐ दिल मेरे
करियो सोहब्बत उन्हीं की
कि जो जाना किए तुझको-तुझसा
कि जो समझा किए तुझको-तुझसा

के तू बैठा करियो दरख़्त के नीचे
के जो हो लहलहाता, झूमता गाता हुआ

यूं हीं को न फिरिया करो
बाजार-ए-दवा में टिलटिलाते
जा पूछियो बस को दवा
ख़ालिस इलाज को

गर को नहीं हो पैमाना
जो हाथ को तेरे
लूट लेंगे तुझे वो
बस आंख झपकते को
ले मरेगा तू सिक्के झूठे
ख़ुश-ख़ुश कि गोया असली हों

ना भरिया कर अपना कटोरा

हर उबलते कड़ाव से
याद रख
हर लुत्फ़[1] में न होवे लताफ़त[2]
ढूंढा मत को किया कर / माने उस जगह
जहां माने की कोई माने ही नहीं

***

1. लुत्फ़ : आनंद / मज़ा, 2. लताफ़त : शुद्धता / सूक्ष्मता।

मैं हूं एक ज़र्रा

मैं हूं एक ज़र्रा
तू है आफताब मेरा
मैं कि बीमारे-ग़म
और कि तू दवा मेरी

उड़ू हूं बस कि
जानिब को तेरी
परों के बिना ही
जिस तरह से कोई तिनका
खिंचता चला जाए
ख़ुद-ब-ख़ुद
कहरुबा[1] की तरफ

***

---

1. कहरुबा : एक हल्का पत्थर जो घास के तिनकों को चुंबक की तरह अपनी ओर खींचता है। इसे तृणमणि भी कहा जाता है।

है नूर सब फ़लक[1] का

है नूर सब फ़लक का
ये मिट्टी का जिस्म मेरा
फरिश्तों को होवे हदस
जो देखें उड़ान मेरी

कि रश्क होवे उनको
पाकीज़गी से मेरी
कि खावें है ख़ौफ
बदरुह ताकतें जहां की
हौसले-ईमां से मेरे

***

---

1. फ़लक : आसमान।

वो यार मेरा

फिरुंगा रात भर
लगाता फेरे
काशाना[1]-ए-यार के

पौ-फटे तक ही बस
चलेगा ये सिलसिला
हो जाऊंगा फ़िर पार
दरे-यार के

ये मेरा करार उससे
कि सर मेरा
बने एक कासा[2]

भर-भर पिए महबूब जिसमें
जाम शीशे से

***

---

1. काशाना : घर, 2. कासा : प्याला।

कोई मुझे पुकारा किया

ताउम्र किया / कि वो किया
औरों ने भी जो किया किया
ख़ुद को न तब जाना किया

न ख़ुद ने बताया ख़ुद को
अच्छा किया? बुरा किया?
न तो आंख को सूझा किया
न तो दिल को कुछ समझा किया

निकल पड़ा, बस को बाहर
जिस दम को ही सुना मैंने
कोई मुझे, पुकारा किया

***

मैं आ गया हूं

तेरा जमाल[1]
वल्लाह!
करे शर्मसार
सारे जहां के हुस्न को

उफ्फ! ये अबरु[2] तेरे
कि ज़ाहिदान[3]
बिछ जाते हैं कदमों में तेरे

अपनी जुमला सिफतों[4] को
जिनपे इतराया किया
छोड़कर आया हूं मैं

लगाने गोते
समाने तुझमें
बहकर के
तेरे मस्त धारे में

***

---

1. जमाल : सौंदर्य, 2. अबरु : भौं, 3. ज़ाहिदान : जप-तप करने वाले/संयमी पुरुष
4. सिफतों : तरीफों / विशेषताओं।

देखा चाहिये

कि एक रक्स आज
इस जगह पे
देखा चाहिये

कि उसकी धज से बस
हर शै को
संवरते देखा चाहिये

और अगर को
इस नुमाया नूर से
इंकार फिर भी है तुझे

फलक पे उभरा चांद
कर देगा
रोशन
तेरे दिल के अंधेरे को

***

ख़बरदार

ख़बरदार!
ऐ बंदे, ख़बरदार!
नुमाया पूरब से
वो ख़ुदा का नूर देख
रवां है दरिया रोशनी का
करे है जो ज़ाहिर
तुझपे अमान अपनी
रोशनी की शक्ल में

कि जो कुछ भी तू कहा किया
नहीं बस को कुछ
सब हैं कयास तेरे
उसका कहा सब है
आंखों का देखा
यही फर्क उसके और दरमियान में तेरे

***

लफ्ज़ और मायने

हर एक इंसा
है पहुंचता यकीनन
अपने तय मुकाम पर
हर एक इंसा
करता है वही कुछ
जैसा भी उसका नाम है

बुराई / बुरे काम की
इसलिए को नहीं
कि उसकी लफ्ज़ी माने बुरी

कि जैसे खारापन समंदर के पानी का वो
खारा नहीं इसलिए
कि उसका बरतन है खारा

कि बरतन हमारा
कुछ नहीं बस लफ़्ज़ हैं
कि माने तो उसकी है छिपी
उसके पानी में

और समंदर सारी मायनो का
है बस कि वो
कि जिसके पास रखी है
वो किताब
जिसमें हर लफ्ज़ की माने
और हर माने की माने है

***

एक सबक

कल रात उस्ताद ने सिखाया मुझे
ग़रीबी का इक सबक
न ही कुछ होने
न ही कुछ चाहने का सबक

मैं आदिम नंगा
बदन पे डाले लाल रेशमी पोशाकें
खड़ा माणिक-मोती की खदानों में
सोखता अपने अन्दर हर चमक को
निहारता हुआ समन्दर को

हज़ारां तरह से बल खा-खा लौटती लहरें
जज़्ब होती जाती हैं मुझमें
बनता जाता है
खामोश सा
एक घेरा
मेरी तर्जनी पे
पीछे-पीछे हवाएं / तेज़ बारिश भरी
लिए हुए साथ में गरजती आवाज़ें

ऐसा है
ऐसा है मेरा उस्ताद

***

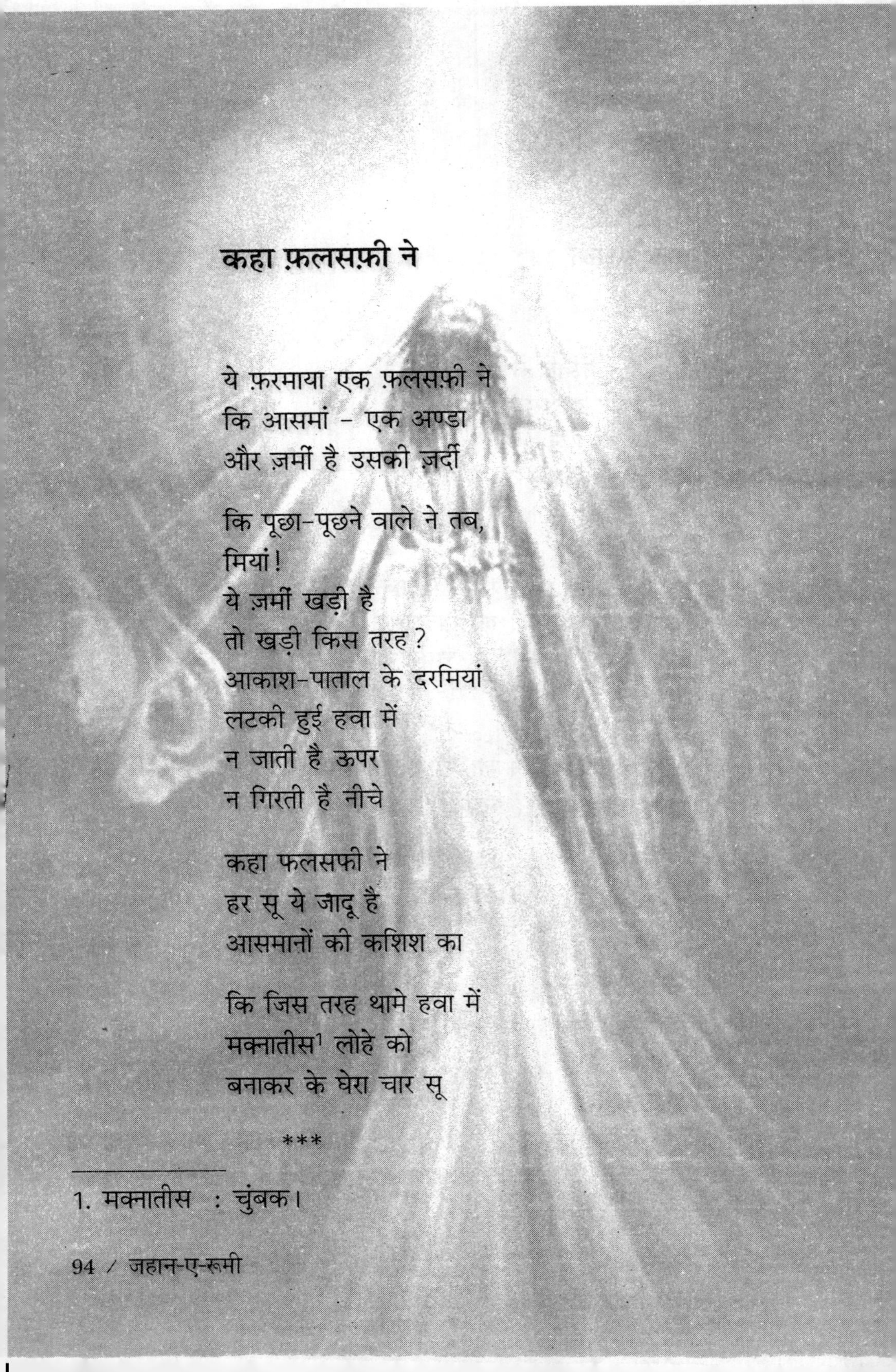

कहा फ़लसफ़ी ने

ये फ़रमाया एक फ़लसफ़ी ने
कि आसमां - एक अण्डा
और ज़मीं है उसकी ज़र्दी

कि पूछा-पूछने वाले ने तब,
मियां!
ये ज़मीं खड़ी है
तो खड़ी किस तरह?
आकाश-पाताल के दरमियां
लटकी हुई हवा में
न जाती है ऊपर
न गिरती है नीचे

कहा फलसफी ने
हर सू ये जादू है
आसमानों की कशिश का

कि जिस तरह थामे हवा में
मक्नातीस[1] लोहे को
बनाकर के घेरा चार सू

***

1. मक्नातीस : चुंबक।

कसौटी

न समझो सच
परख लोगे कि सोना
खरा और खोटा
चढ़ाए बिना उसको कसौटी पे

परखेगा वो ही कि ये जानो
खरे और खोटे को
बस कि जिसको
अता[1] है कसौटी
उसकी तरफ से

***

---

1. अता : प्राप्त / प्रदत।

ख़ामोश-1

जो खामोश रहें लब तेरे
दिल को मिल जाए हैं ज़ुबाने हजारों
कि रह ख़ामोश!
कितना चाहे है आखिर को तू
आज़माना उसे?

***

ख़ामोश-2

ख़ामोश!
न खोल मुंह तू अपना बार-बार
रहो ख़ामोश बस को तुम सीप की तरह
कि जान ले तू / ज़ुबा तेरी
दुश्मन है तेरी रुह की

***

ख़ामोश-3

कल / जब कि दिन का सूरज उगा
मेरा महबूब मुझसे बोला
तू तो है क़तरा
समंदर का मेरे
फिर क्यों फैंका करे है
लफ्जों को हवा में?
आ! कि आकर डूब जा
इस समंदर में

***

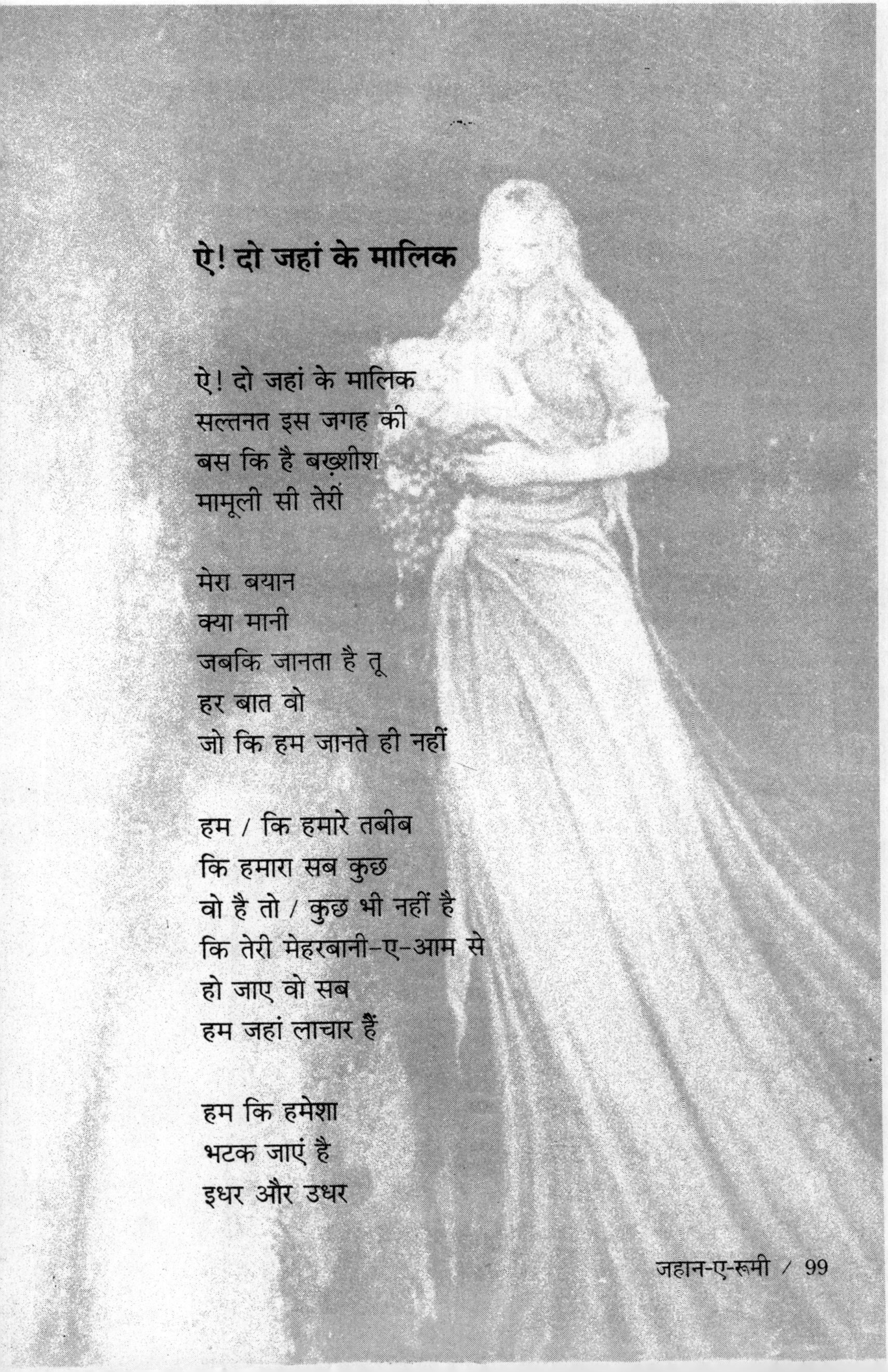

ऐ! दो जहां के मालिक

ऐ! दो जहां के मालिक
सल्तनत इस जगह की
बस कि है बख़्शीश
मामूली सी तेरी

मेरा बयान
क्या मानी
जबकि जानता है तू
हर बात वो
जो कि हम जानते ही नहीं

हम / कि हमारे तबीब
कि हमारा सब कुछ
वो है तो / कुछ भी नहीं है
कि तेरी मेहरबानी–ए–आम से
हो जाए वो सब
हम जहां लाचार हैं

हम कि हमेशा
भटक जाएं है
इधर और उधर

एक तू है कि बस
मिल जाए हर जगह
लेता पनाह में हमको
दर-बदर से हर जगह

तेरा कहा है सच
कि हर हाल जाने
हर हाल में तू हमारा
मगर आयद ये मुझपे
बयां करुं हर बात इस तरह
कि गोया
तू कुछ भी जानता ही नहीं

***

ऐ कि है तू

ऐ कि है तू ऊंट / चलाए है तुझे अक्ल
शुतुरबान[1] की तरह

हर सू / दिखाती रास्ते तुझको
अपनी हुक्मे-सख़्ती से

इस अक्ल की जो अक्ल है / वो तो बस है
औलिया

बाकी जहां की सारी अक्लें / हैं ऊंट की तरह
कि देखो जिसे निगाहे-इब्रत[2] से

हमारा रहनुमा बस एक / और एक है
सामने उसके/ लाख जानें

कौन है वो रहनुमा / कौन है वो शुतुरबान
पहले को कर तू हासिल वो आंख
कि जो उठे / तो उसको सूरज दिखे

***

1. शुतुरबान : ऊंट को चलाने वाला, 2. इब्रत : सबक ।

एक परिंदा

एक परिंदा ग़ैबाना
उड़ता है ऊपर
आसमान में
दिखे है जिसकी परछाईं
बस उड़ती-फिरती सी

ये जिस्म क्या है?
परछाईं की परछाईं
मोहब्बत की तेरी
समाई कि जिसमें
है सारी खुदाई

सोया है कोई
दबा बोझ से जो
भभकते हैं शोले
मानिन्दे-सूरज
किसी शै से उसकी
कि अज़मत की झालर
जैसे सिली हो
चोले पे उसके
वो बदले है करवट
बस पर्दे ही पर्दे में

***

मन-ओ-तू[1]

मैं कि था उस दिन भी
जबकि बेनाम थी हर शै यहां
क्योंकर कि होता नाम
कि न थी हस्ती भी उनकी उस घड़ी
अबकि जिनकी हस्ती नामवर

कि मैं आया
तो आए नाम इन बेनामों के
और वह भी उस घड़ी
जबकि न था फर्क कोई
मुझमे और तुझमे
कि मै भी मैं था
और तू भी मैं था

***

1. मन-ओ-तू : मैं और तू।

मैं फिर आ गया हूं

मैं फिर आ गया
नये साल की तरह
तोड़ता हुआ दरवाज़े
उस क़दीमी[1] क़ैद के

मैं फिर आ गया हूं / तोड़ने
उसके दांत और पंजे
जो है तो आदमख़ोर
मगर कहलाए है / ख़ुद को ज़िंदगी

मैं फिर आ गया हूं / गोदने
शोहरत को दुनिया की
जो बड़ी संगदिली से
करती जाती है नाबूद इंसा को

मैं वो बाज़ हूं
कि जो करे है शिकार
मनहूस अलामत[2] के परिंदों का
वो भी उनकी उड़ानों के पहले

मेरा कौल था ये

मेरे पहले कदम पर
ख़ुद को निसार कर दूं
बिना कोई हीला-हवाला

ख़ुदा से ये मांगू
मुझे तोड़ दे वो
गर लगूं तोड़ने मैं
जो कौल अपना

ये क्या हौसला है तेरा
कि मुझ हकीर[3] को
जो हुआ फिरे है मतवाला मोहब्बत में
उसको भी आने दे
बिला हुजत तू अपने घर में

ख़बर हो तुझे
अगर आ गया मैं
तोड़ूंगा उसे
है जो कुछ वहां
मिटा दूंगा बस को हर शै

अगरचे आए मुझपे तेरे अहले-कानून
मैं कसके फैंक दूंगा शराब / चेहरे पे उनके

अगर जो हाथ पकड़ा / दरबान ने तेरे
तोड़ डालूगा मैं / उसका हाथ

न चला अगर आसमां जो

मरज़ी से मेरी
कचूमर बना दूंगा
मैं पहियों का उसके
खेंच कर फैंक दूंगा परे
मैं बुनियाद उसकी

बिछाया है तूने / हसीन एक दस्तरख़्वान[4]
कहो हो कि ज़िंदगी उसको
और मुझे दावती अपना
मुझे टांग देना
कभी जो मेरी लार टपके
उसे देखकर

***

---

1. क़दीमी : पुरातन, 2. अलामत : प्रतीक / पहचान, 3. हकीर: तुच्छ / मामूली,
4. दस्तरख़्वान : वह कपड़ा जिसे बिछाकर खाना खाया जाता है।

उसकी नज़रसानी

जागो! जागो! रात जा चुकी है
जागो! कि अब तो जागो

छोड़ो! छोड़ो!
कि दिल के अज़ीज़ अपने
छोड़ो!
कि सबको छोड़ो

आओ कि देखो
किस तरह से एक अहमक[1]
सरे-बाज़ार
खड़ा बेचता है रुहे-लासानी[2] को अपनी
मांगता हुआ मोल
अनमोल का

उठो! उठो
कि खुद उठ के देखो
अभी कि बस अभी
अगर शक-ओ-शुब्हा हो
बातों पे मेरी
चलो उठो

कि खुद उठके देखो

न सुन तू फरेब की कहानियां
न सुन तू आवाज़ें शैतानी
न धो तू लहू को लहू से
नहीं! नहीं!
ये सब बिल्कुल नहीं

उड़ेंल दे खुद को
हो जा तू ख़ाली हर तरह से
जैसे प्याला हो कोई ख़ाली

भर ले तू ख़ाली को
लज़ते-रुहानी से इस तरह
कि प्याला छलक-छलक जाए

वो सुन कि आवाज़ें
उतरती आसमानों से
कि वो आया कि आया

बस वो आया कि आया
इलाज हर मर्ज़े-लाइलाज का

कि बन के बीमार पड़ जा
जो तू चाहे है नज़र-सानी उसकी

***

---

1. अहमक : मूर्ख, 2. लासानी : अनमोल।

अगर को है आशिक

अगर को है आशिक
इश्क का तू
उठा खंजर / चला वार / सफा कर दे
रोक के रास्ते

कि ये फिक्र तेरी : ग़ैर सोचेगा क्या
बस कि है नहीं कुछ
हैं वो ख़ार तेरी राह के
रोकते जो तुझे राह से

कि ये बात मेरी मुंसिफाना
सुन ले इसे
रोशन दिमाग़ से :
क्योंकर करे है दीवाना
कारनामे
दीवानगी भरे?

तन के कपड़े करे है तार-तार
दौड़ा करे पहाड़ों पे
पीया करे है ज़हर
होना चाहे है फ़ना

अगर को इश्के-लैला में
ताब इश्क की है इस कदर
तो सोचो ज़रा
इक बार
इश्क़ में उस महबूब के
होवे है क्या-क्या?
कितना?
और फिर वो किस क़दर?

***

ख़ाली-भरा है

मैं को ये कहा किया
हर फनकार वो ही को ढूंढा किया
जो कि है कहीं को नहीं
उसकी हुनर आजमाई कि वहीं

जो हो कारीगर
तो ढूंढे वो खण्डहर
लगा हो ढेर
जहां पे मलबे का

अगर को वो है भिश्ती[1]
उठाएगा यकीनन पखाल ख़ाली

बढ़ई, बड़ेगा न आगे
उस घर से
जहां उसको दरवाजा दिखेगा नहीं

कैसे को मज़दूर दौड़े
खबर गढे की कहीं जो मिले
उसे भरने की कोशिश
है उसका मकसद

इन सबकी उम्मीदें टिकी हैं
बस एक खालीपन में

न करियो नज़रअंदाज
समझकर के खाली
कभी किसी शै को

भरी हुई हैं
गुंजाइशें तमाम उसमें
जो कि चाहियें
तेरे हुनर को

***

---

1. भिश्ती:चमड़े के पखाल में पानी भरकर पहुंचाने वाले (लगभग समाप्त प्रथा)।

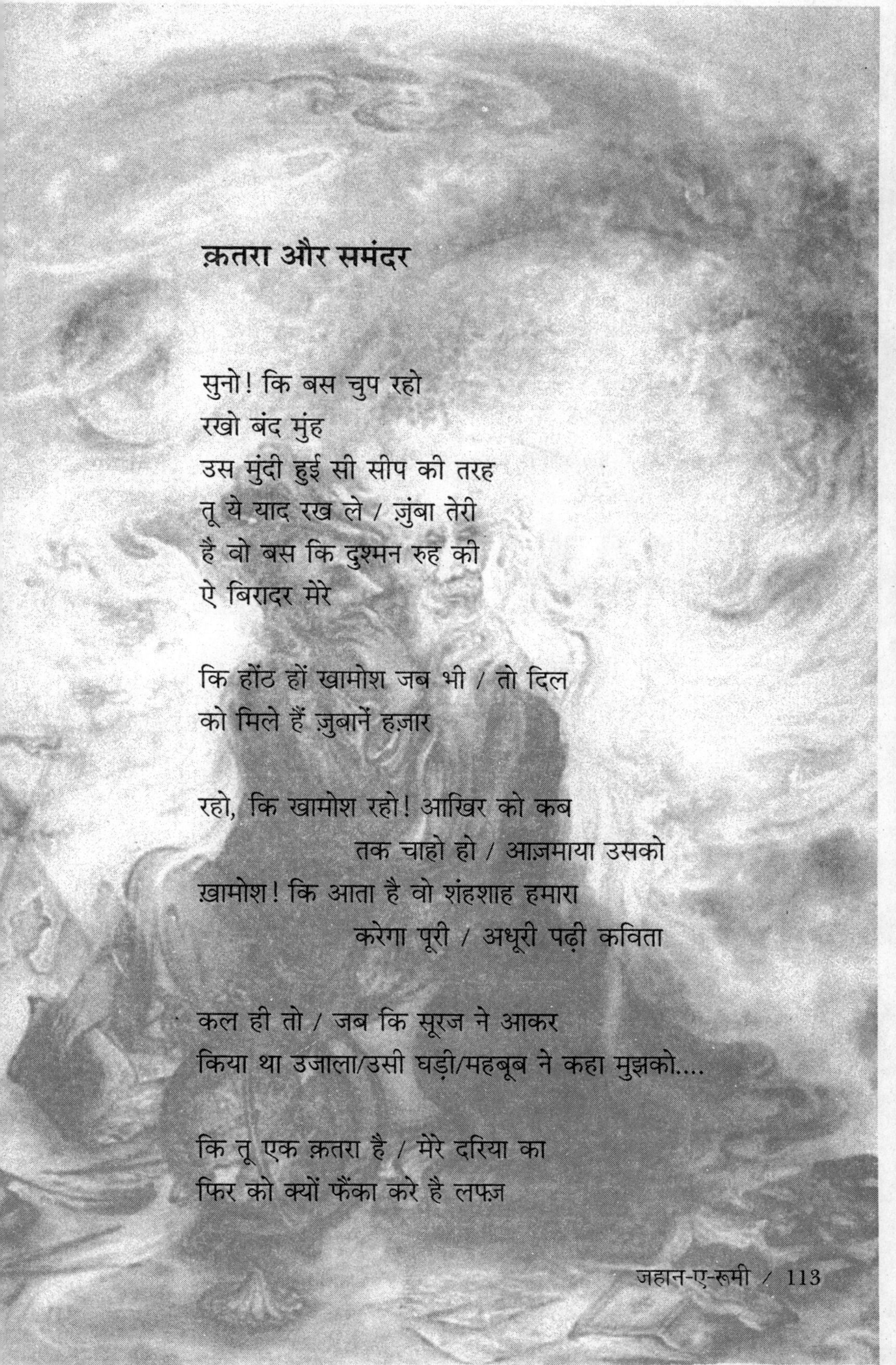

क़तरा और समंदर

सुनो! कि बस चुप रहो
रखो बंद मुंह
उस मुंदी हुई सी सीप की तरह
तू ये याद रख ले / ज़ुंबा तेरी
है वो बस कि दुश्मन रुह की
ऐ बिरादर मेरे

कि होंठ हों खामोश जब भी / तो दिल
को मिले हैं ज़ुबानें हज़ार

रहो, कि खामोश रहो! आखिर को कब
तक चाहो हो / आज़माया उसको
ख़ामोश! कि आता है वो शंहशाह हमारा
करेगा पूरी / अधूरी पढ़ी कविता

कल ही तो / जब कि सूरज ने आकर
किया था उजाला/उसी घड़ी/महबूब ने कहा मुझको....

कि तू एक क़तरा है / मेरे दरिया का
फिर को क्यों फैंका करे है लफ़्ज़

बेवजह/ इधर और उधर?

आ! कि तू है क़तरा
डूब जा समंदर में
भर ले / रुह की सीपी / चमकते मोतियों से
कि एक दुनिया यहां / एक दुनिया वहां-
और कि मैं बैठा दहलीज़ पे

वो कि सिर्फ वो ही / जो कि बैठे उस दहलीज पे / जाने है
ताकत–ए–बयानी / इस ख़ामोशी की

कह चुके तुम / बहुत कर चुके
अब तो बस / ज़ुबां थामो / और बस ख़ामोश रहो

हुआ जो फ़ना जाकर / ज़मीं की हदों में
तो बनकर के उभरा मैं सब्ज़ा

हुआ जो फ़ना / हदे–सब्ज़ा में
उठा बनकर के हैवान

हुआ जो फ़ना / हदे हैवानियत में
बनकर के आया मैं इन्सान
बताओ तुम्हीं / अब इसमें ख़ौफ क्या?

कि सोचो जब / किस जगह मैं कमतर हुआ
किसी मौत से अपनी?

इसी तरह कि जब / मरुंगा मैं इन्सां की शक्ल में
कि पाऊंगा पंख / उड़ूंगा आसमानों में
फरिश्तों की दुनिया में

याद रख / कि हर शै हलाक[1] होगी
सिवा उसकी सूरत के
और बन जाऊंगा मैं / हिस्सा / उस जहां का
कि हदे हैं जिसकी हदों से परे
तेरे किसी क़ियास[2] के

***

---

1. हलाक : समाप्त / ख़त्म, 2. क़ियास : अंदाज / अटकल।

न डर मौत से तू

न डर मौत से तू
कि रूह तेरी ला-फ़ना[1]

न खा ख़ौफ कोई
कब्र के अंधेरों से
कि जगमग वजूद तेरा
बस, ख़ुदा के नूर से

तू चाहता है आखिर को
बता और क्या?
जब है माशूक तेरा ऐसा
उजाला जिससे दुनिया में

ख़ुशी से झूमता
मोहब्बत के दरिया में गोते लगाता
कि दिल है तेरा

कि तू पार होगा
कि हर धार से
किनारे लगेगा
तू मझधार से

नहीं दिल में तेरे
अगर जो ऐब कोई
तो काहे का ग़म
और काहे की फिक्र कोई

***

1. ला-फ़ना : अनश्वर / अविनाशी।

वक़्ते रुख़्सत

ऐ आशिकों, ऐ आशिकों
लो आ गया , लो आ गया
इस दुनिया से वक़्ते रुख़्सत[1] आ गया

वो दूर आसमां में
बजते सुनाई दे हैं
नक़्क़ारे कूच के गूंजते
बजाते हुए धुन :
ऐ आशिकों, ऐ आशिकों
लो आ गया, लो आ गया
इस दुनिया से वक़्ते रुख़्सत आ गया

सज गई है क़तारें
वो देखो कारवां की
हैं बस तैयार चलने को
वो आती है लो आवाज़ :
तैयार हो जाओ
कि बस तैयार हो जाओ
जागो-जागो कि
अब तैयार है काफ़िला
क़दम आगे बढ़ने को हैं

लगी हैं गूंजने फ़िज़ा में
आवाज़ें सुनो वो बढ़ते कदमों की
बढ़ते जाते हैं हर लम्हा
वजूद सारे
सांसे वो सारी
पहुंचने उस जगह को
कि जिस जगह
जगह जैसी कोई जगह ही नहीं

सर झुकाए खड़ी हैं कतारों में
ये शमें सारी
वो परदे नीले-नीले
बरपा हैं हर सू[2] अजूबे
अजूबों से बढ़कर
खुल जाएंगे राज़
कि थे राज़ जो
हट जाएंगे परदे
कि आज होगा उजाला

ऐ दिल!
चला चल
उस दिलदार की तरफ
मेरे महबूब,
मेरे यार की तरफ

हर तरफ हैं गूंजतीं
किलकारियां / खुशबारियां / लयकारियां

हर गली कूचे में हैं
जगमगाती / मुस्कराती / रौशनाईयां

क्योंकर न हो
कि आज ही होने को है पैदा
इस दुनिया-ए-फ़ानी के हमल[3]से
एक दुनिया ला-फ़ना[4]

नाचो खुशी में नाचो
कि आमद की उसके माने
बस को है
खुशी ही खुशी

***

---

1. वक़्ते रुख़्सत : विदाई का समय, 2. हर सू: ह़र ओर, 3. हमल: गर्म, 4. ला-फ़ना : अनश्वर / अविनाशी।

डूबना, उभरना है

जिस दिन को जाऊ हूं मैं
उस दिन को ये लबादा[1] समझो बढ़ चला आगे

मगर को न समझियो
दिल मेरा छूटा कही हैं
इस जगह
न कीजो रोना, ना को कीजो हाय! हाय!
'उफ! वो नाले[2] किस कदर को बेसुरे'
तुम कि गोया खेलो खेल शैतान का

न दीजो आवाज़ें: हाय! ओ जाने वाले
जब को मैं होऊंगा ज़मींदोज़
मुझको कि वो लम्हा
वक्ते शादमां[3]
उसकी सुहब्बत का!

न करियो कोई 'अलविदा'
जब कि मैं जाऊं कब्र में
ये कि बस इक चादर फ़र्हत[4] भरी

समझो मिली मुझको
तुम कि बस देखा किये अब तक मुझी मुझको
अब कि तुम देखना मुझे, मुझसे उभरते हुए

***

1. लबादा : एक तरह का चोगा, 2. नाले: आर्तनाद / रोना–धोना, 3. शादमां : आनंद/ हर्ष, 4. फर्हत : मन को प्रसन्न करने वाली।

सारी रात

न सो! बस कि मेरे यार / आज
की रात न सो

और कि देख / खुलते हुए ख़ज़ाने
उसकी अलामतों[1] के / इस दुनिया और उस दुनिया के

सूरज वो ग़ैब[2] का / भर देगा तेरे
जिस्म को / ज़िंदगी से

सुरमा वो पोशीदा[3] राज़ों का / अता करेगा
नज़रे लासानी / आंखों को तेरी

आज की शाम / इल्तजा है मेरी / खुद को
दरकिनार कर / आंखों को बस
को बंद न कर

पा जाएगा रोशनी ऐसी / कि जिसमें दिखे
है सब कुछ

ऐ यार मेरे! ये रात ही तो है / कि जहां का हुस्न

सारा / हुआ करे है जलवागर

कि सोया किया जो उस घड़ी / क्योंकर सुने वो
आवाज़ें /,उफ़! वो नाज भरी
वो कि याद कर / कि वो रात ही तो थी / कि मूसा ने
पाई / ख़ुदा की रोशनी / उन झाड़ियों में चंमकती

और वो आवाज़े-आसमानी / बुलाती हुई
नज़दीक अपने

वो रात ही तो थी / कि तय किए उनने
वो फासला-ए-दराज़[4]
जहां कि जलवागर थे / बंदे के सामने / बंदानवाज़

याद रख कि दिन है/ तो है कारोबारे-गुज़र के लिए
और कि रात है / तो है वो मोहब्बत के लिए
वो कि इसलिए कि तू महफूज रहे
वक्ते मुहब्बत / हर नज़रे-बद से
न सोच दुनिया की / जो सोए है रात में
तू सोच अपनी / कि आशिक है तू

कि ये तेरा मौका / चुप-चुप कर ले बातें बस उससे
याद रख कि वो बुलाए है / सारी रात
हमको देता आवाज़ें / कहता
'उठो! जागो! ऐ ज़ररुरतमंदों!
कि ये वक्त सर्फ[5] कर ज़रुरत पा लेने को

न करो / तो करोगे पछतावा बाद को
रोते हुए
उस घड़ी / जब कि रुह कह चलेगी
अलविदा / इस जिस्म को

***

---

1. अलामत : प्रतीक / पहचान, 2. ग़ैब : परलोक / अलौकिक शक्ति, 3. पोशीदा : गुप्त, 4. फासला–ए–दराज़ : रास्ता, 5. सर्फ : ख़र्च करना / इस्तेमाल करना।

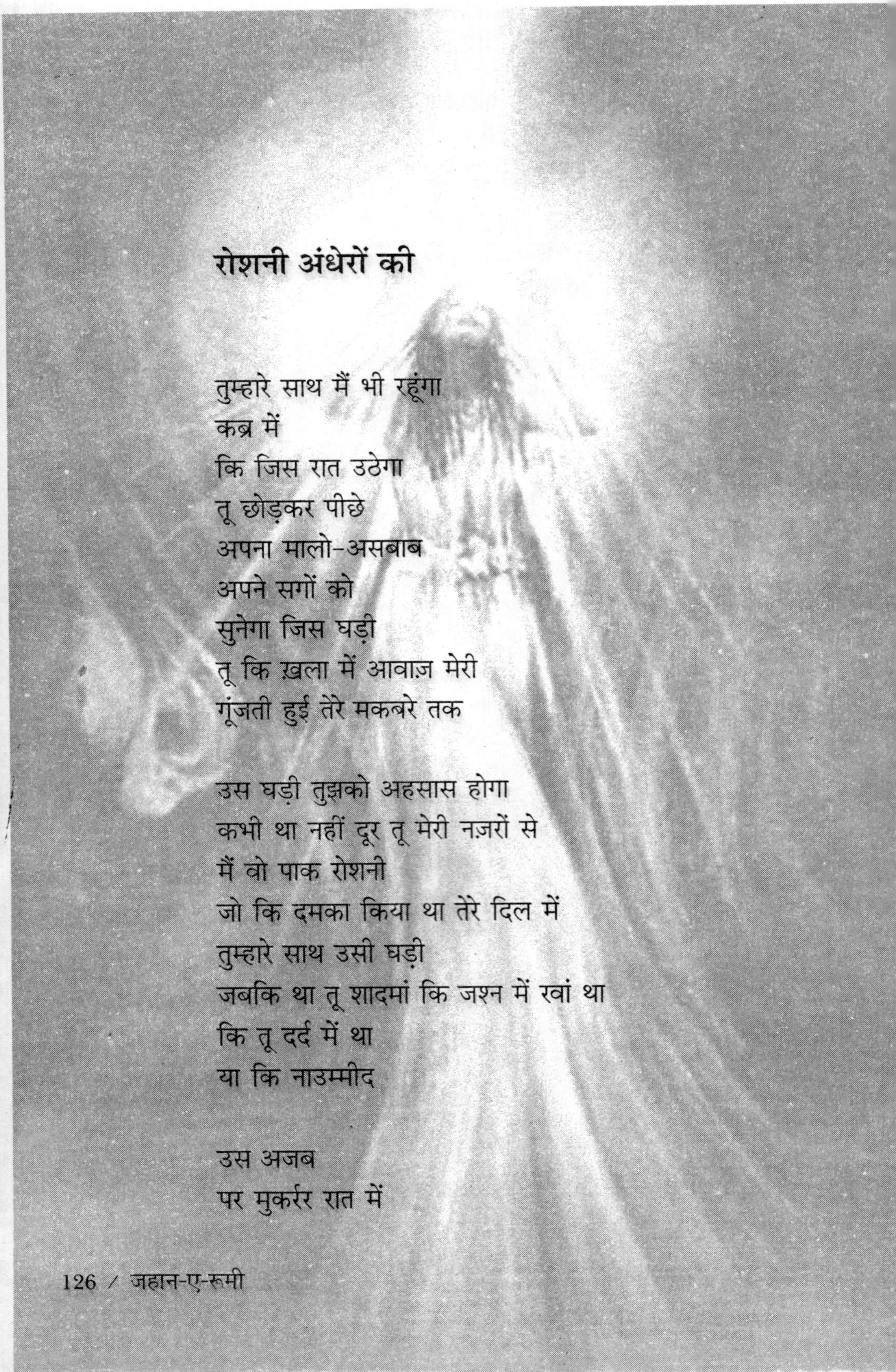

रोशनी अंधेरों की

तुम्हारे साथ मैं भी रहूंगा
कब्र में
कि जिस रात उठेगा
तू छोड़कर पीछे
अपना मालो-असबाब
अपने सगों को
सुनेगा जिस घड़ी
तू कि ख़ला में आवाज़ मेरी
गूंजती हुई तेरे मकबरे तक

उस घड़ी तुझको अहसास होगा
कभी था नहीं दूर तू मेरी नज़रों से
मैं वो पाक रोशनी
जो कि दमका किया था तेरे दिल में
तुम्हारे साथ उसी घड़ी
जबकि था तू शादमां कि जश्न में रवां था
कि तू दर्द में था
या कि नाउम्मीद

उस अजब
पर मुकर्रर रात में

तू सुन पाएगा आवाज़
वही जानी-पहचानी...
बचाया जाएगा तुझको
वो दांतों से ज़हरीले सांपों के
वो झुलसाते बिछुओं के डंको से
मोहब्बत बरसाती रागनियां
धो डालेंगी ज़हर सारे
बरसकर कब्र पे तेरी

वो लाएंगी कंदील की रोशनी
तेरे दोस्त-अहबाब
शराबें और वही लज़ीज़ खाने

जिस घड़ी कि होगी उजागर
हकीकत की रोशनाई
मचेगा शोरो-गुल
उठेंगी सारी आवाज़ें
बस कि हर कब्र से
बरसों की जमी धूल कि झड़ जाएगी

सुरुर में डूबे शहरों से
उठती आवाजों के साथ
बजते ढोल-ताशों के बीच
मुर्दा-जिस्म उठेंगे अपने कफन फाड़कर-
भर डालेंगे अपने कानों को आवाज़े-ख़ौफ से

किस काम के हैं ये हवास / ये कान
जबकि वो नक्कारा अभी गूंजा नहीं ?

देखो तो मुझको देखोगो / मेरे होने में
कि चाहे देखो खुद को तुम
या कि उस शोर और अफ़रा-तफ़री को

ख़बरदार! ख़बरदार!
न धोखा खा तू मेरा
किसी इंसानी जिस्म से
रुह को किसी रुह की दरकार नहीं
अगरचे ढक लो उसको तुम हज़ार परदों में
तजल्ली-ए-नूरे रुह[1]
होगी तब भी जलवागर आर-पार

बजाओ ढोल
शहर की उस पुरकशिश धुन के साथ
कि आज है दिन इक नया
हर नौजवान निकला है
मज़बूती से कदम बढ़ाता
मोहब्बत की राह पे

अगरचे चाहा होता सबने
ख़ुदा को
छोड़कर तांबे-पीतल के सिक्कों को
तो न बैठे होते आज वो खंदकों में
अंधेरे और अफसोस से घिरे

चमको-चमको
पूरब से उगते
तबरेज़ के सूरज की तरह

चमको-चमको
फतह के सितारे सा
चमको-चमको
इस तरह की गोया
सारा आलम बस है तुम्हारा

***

1. तजल्ली-ए-नूरे-रुह : आत्मा से उसकी रोशनी।

सच ही कहा है

सनाई[1] की सुनो
वो मुन्फ़रिद[2] शायर
वो ख़िलवतों[3] का बादशाह
कहता है
सुनो :
न भटको तुम यूं बाहर को
यूं अपनी बेख़ुदी में
चलो, जाओ सो लो
जाकर उसी मैक़दे में

जो मख़्मूर[4] कोई निकला है बाहर
कहीं बेख़ुदी में
बना है तमाशा
वो बस कि ज़माने में
गिरे है, पड़े है
इधर और उधर को भटकता
वो सारे जहां में

तमाशाई जो हैं
वो क्योंकर को जाने मज़ा
इस शराब का

मौज
उस मदहोश की

इस सैयारे[5] में ये सारे जो हैं
सब अत्फ़ाल[6] हैं
अगरचे उनको छोड़ दें
जो कि छोड़ बैठे हैं चाहतें सारी

ख़ुदा ने कहा है –
'है दुनिया ये सारी
महज़ खेल बच्चों का
और तुम सब ही हो बच्चे'

सच ही कहा है
जो कहा है ख़ुदा ने
नहीं को जो छोड़ो हो
ये बच्चों के खेल
तो क्योंकर को हो पाओगे बालिग[7] ?

अगर रूह पाकीज़ा नहीं
उलझे हुए हो गर को अब भी
शहवतों[8] / लालचों/ चाहतों में
हो तुम अब भी बच्चे
खेलते हो जो जिंसी[9] आमदो-रफ्त का खेल
तो ये याद रखो
गुज़रना एक-दूसरे में
बस जिस्मानी तौर से
अस्ल में नहीं है कोई राहो-रस्म जिंस की

वही कुछ है इंसां की ख़ाना जंगी का
तमाशा है बस कि ये काठ की तलवार का
न मकसद / न हासिल
हो गोया काठ के घोड़े पे सवार कोई तिफ्लाना[10] सिपाही
बेख़बर
आसमानों में उड़ते
मुहम्मद के बहादुर बुराक[11] घोड़े से
और बेखबर पूरी तरह ही दुलदुल[12] से

तुम्हारे किए का मतलब कुछ भी नहीं
जो कुछ करो हो तुम
हो वो जंगें
या कि रिश्ते जिस्मों के
कूदते-फांदते हर तरफ
पकड़े हुए
अपनी बेपर्दा
पर्दादारी को
मचाते शोर
ज़माने भर में

न इंतिज़ार कर
मौत[13] का अपनी
यह सच तू जानने को

कि ये जो कुछ भी है
बस को तेरी ही
ख़ामख़्याली है

ये तेरा हवासो-इद्राक[14] कि तू मचलता फिरे है
बच्चों सा
लेकर के बांस का तुकड़ा
बनाकर के उसको
ख्याली इक घोड़ा

राज़े-इलाही का जानना
है काम सबसे जुदा
तजुर्बे / अक्ल / इल्म
बस कि हैं गधे
किताबों से लदे
या फिर कि रंगो-बू से पुते चेहरों के रंग
हाय-हाय, बह जाएंगे वो तो पानी में

न उठा यूं वज़न इल्म का
अपने ज़ाती मफ़ाद[15] को
ठीक से गर को तू उठा सके
ये वज़न सारा
महसूस होगा हल्का तेरी ज़ात को

कुचल तू अपनी ख़्वाहिशों और चाहतों को
और फिर देख
पहाड़ों ने भी ले ली है पनाह तेरे कदमों में

न हो ख़ातिर-जमा इस क़दर तू
बस ले के ख़ुदा का नाम
कि लफ़्ज़ों के आगे कर महसूस
उसकी सांसों को

किताबों और लफ़्ज़ों से उपजे है
ख़यालो की मौजें
और फिर कभी-कभी
इन्हीं मौजों से तो
होता है मिलन / वो मिलन

***

---

1. सनाई : हकीम सनाई जो बारहवीं शताब्दी के कवि जिन्होंने सबसे पहले 'मसनवी' की विधा को विकसित किया व प्रयोग किया । रूमी सनाई से अत्यधिक प्रभावित थे। उन्होंने अपने लेखन में सनाई द्वारा पहले प्रयुक्त कहानियां, मुहावरे वगैरह का काफी प्रयोग भी किया है। 2. मुन्करिद : बेज़ोड़, अद्वितीय, 3. ख़िलवतों : एकांत, 4. मख़्मूर : मदमस्त / नशे में चूर, 5. सैयारे : ग्रह / लोक, 6. अत्फाल : बच्चे, 7. बालिग : व्यसक, 8. शहवतों : कामवेग, 9. जिंसी : लैंगिक, 10. तिफ्लाना : बच्चे जैसा, 11. बुराक़ : मुस्लिम मान्यता के अनुसार वह घोड़ा जिस पर रसूल आसमानों पर गए थे। 12. दुलदुल : एक मादा खच्चर जो सिकंदरिया के शासक ने हज़रत मुहम्मद साहब को भेंट किया था और और आपने उसे हज़रत अली को दे दिया था। 13. मौतः मृत्यु, 14. इद्राक : अगोचर वस्तुओं का अनुभव / गैर महसूस चीज़ों की दर्याफ्त, 15. मफ़ाद : लाभ।

सफर

ऐ कि चल पाता जो पेड़
चलता-उड़ता पांव पे और पंख से
नहीं सहना पड़ते कुल्हाड़ों के वार
न कोई दर्द आरों का

कि चांद-ओ-सूरज
थम के रह जाते
अगर को एक ही जगह
किस तरह फिर आगे बढ़ता
ये सिलसिला दिन-रात का?

समन्दर का पानी
जो न लेता उछालें
अगरचे आसमानों तक
पनपते किस तरह पौधे
कि आती किस तरह धारें
कि लगता किस तरह मेला
रिमझिम की फुहारों का?

वो इक बूंद
कि जिसने कभी

छोड़ा था अपना घर : समन्दर
वो बूंद
फिर से लौट आई है

है उसने पा ली
इक सीप यहां
अपने इंतज़ार में ख़ाली
पहुंचकर के उसमें
है वो बन गई मोती

क्या यूसुफ ने
नहीं छोड़ा था
आबा[1] को अपने
आहों, आंसुओं और ना-उमीदी में?

इस तरह के सफर से
नहीं मिली क्या उसे
हुक्मरानी और दौलत बेशुमार?
क्या पैग़म्बर ने नहीं तय किया सफर
दू.....र / मदीने का ऐ दोस्त?

नहीं क्या उनने पाई
एक सल्तनत नई
और साथ में हुकूमत
सौ ज़माने की?

नहीं हैं पांव गर तेरे
सफर को

तो कर ले सफर तू
बस अपने अन्दर को
खेंच ले सूरज की किरनें
याकूत[2] की खदानों सा
ख़ुदी[3] से बाहर
ख़ुद के अन्दर
सफर ऐसा
पहुंचाएगा तुझे
तुझ तक

***

---

1. आबा : बाप-दादे / पुरखे, 2. याकूत : माणिक, 3. ख़ुदी : अहंकार।

इक निगाह तेरी

ऐ चश्मे-ए-महरो माह!
कर नज़र इधर
कि संवार मेरा वीराना
बस कि हो जाए / इक निगाह तेरी

पिंजर में मचलते / जिस्म के
ये दिल-ओ-जां
बैचेन हैं-होवें कुरबान / तेरे इश्क में
कि आ तू / कि आ
दिखा दे अपना जलवा / कर ले कुबूल
ये दिल / ये जान मेरी

***

चंगई

इक आके फंसा तिनका
ज़रा सा जो मुंह में
न चैन पाए इन्सां तब तलक
कि जब तलक
उससे निजात ना पाए

कि हज़ारां चस्कों से
भरा हो भले मुंह
खटक जाए फौरन
वो तिनका ज़रा सा

लगे है ख़बर
बस कि फौरन
पुर्ज़ा-ए अहसास की आवाज़ से

कि अहसासे दुनिया
है रास्ता इस जहां का
कि अहसासे अख़िरत[1]
है रास्ता उस जहां का

अगर चाहो हो ख़बर कुछ

इस अहसासे–दुनिया की
कि पूछा करो बस तबीब[2] से

अगर चाहो हो ख़बर कुछ
उस अहसासे–अख़िरत की
तो पूछा करो बस अपने हबीब[3] से

कि चंगई इस अहसास की
चंगई से जिस्म की जानो
कि चंगई उस अहसास की
आख़िरत इस जिस्म की मानो

***

---

1. अख़िरत : अंत समय / अंजाम की घड़ी, 2. तबीब : हकीम, 3. हबीब : माशूक (आशय ईश्वर से है)।

न भूल

न भूल पैग़म्बर की बात
कि होगा वही जो कि चाहे ख़ुदा
सो तू हो जा अलाल
छोड़ दे सारे काम
बस इसी उम्मीद में
इसकी माने ये तो बिल्कुल नहीं

इसकी माने तो ये है
रख तैयारी करने की
वही कुछ जो कुछ कि चाहे है वो

***

उसका नूर दमके

सुनो! सुनो! इक कहानी सुनो!
एक वक्त में बहस ये छिड़ी
चीनी ज़्यादा बाहुनर या कि यूनानी
दोनों के दोनों करते रहे ये दावा
हमारा हुनर लासानी, हमारा काम लासानी
हुज़ूरे शहंशाह ने तब यूं फरमाया
कि हो बहस, कि हो आमना-सामना

अहले-चीनां[1] का कहना / देखो, देखो / अभी हाल देखो
हम दो को दे दो / दो कमरे कि आमने-सामने
इक तरफ ये हों / इक तरफ हम हों / और बीच में परदा
हुनर अपना-अपना दिखाएं / और फैसला भी लेते जाएं
अहले-चीनां ने / मांग डाले रंग सैकड़ों / हर रोशनी-परछाईं के
अहले -यूनां[2] ने कहा यूं / नहीं रंग दरकार हमारी आज़माई में

एक तरफ लगा जाता था / रंगों का मेला / दीवार दर दीवार
दूसरी तरफ से बस कि होती सफाई / हर घड़ी / दीवार दर दीवार
उधर को कि दीवारें भरती जातीं / पुरनूर रंगों से
इधर को शफ़्फ़ाफ़ रंग / दीवारों से उठते चांद-ओ-सूरज से
कि जैसे सादगी भरे रंगों के बादल / रंगे-आसमानी के

अहले चीनां ने पीटे नगाड़े / गुंजाया आसमां को / ख़ुशी में
कि आख़िर को रंग आया था / रंगों की हुनरमंदी में
हैरतज़दा शहंशाह ने जो देखा
तो बस देखता रह गया
कमाले-हुनरे-रंगे-आराई
रंग बोलते से / और रंगों में जैसे बजती शहनाई

अहले-यूनां ने बड़ी ख़ामोशी से / बीच का बस परदा हटाया
अहले-चीनां का सारा हुनर / चमचमाती साफ दीवारों पे उतर आया
शफ़्फ़ाफ़ साफ दीवारों पे / रंग इस तरह दमके
कि जैसे आसमां में चांद चमके
कि जैसे दरिया में उसका नूर दमके

अहले-यूनां का हुनर था सूफ़ियाना
कि उनकी दुनिया
किताबों की दुनिया नहीं
उनकी दुनिया में जो कुछ रहा
सब कुछ रहा वो रुहाना

***

---

1. अहले-चीनां : चीन के रहने वाले, 2. अहले-यूनां : यूनान के निवासी।

हज़रते उमर ने यूं फरमाया

दौर-ए-हज़रत उमर में
लगी थी आग इक ऐसी
जो बुझाए न बुझे
धधकती-भभकती
जलाती पत्थरों को
इस तरह कि गोया सूखी लकड़ियां हों

क्या बड़ी कि क्या छोटी
हर इमारत थी उसकी ज़द में
परिंदों के पर हों कि घोंसले
कुछ भी बचा न उसकी हद से

इस कदर का हाल था
लगभग के आधे शहर का
पानी भी बेबस सा बहता / देखता था
हैरत से / दहशतज़दा सा

होशमंद इंसा थे जो बचे / वे सब
भर-भर के मश्कें / सिरके और पानी की
डालते जाते थे / एक ऊपर दूसरी

मगर कि आग रे! वो आग
हर घड़ी को बढ़ती जाती
चढ़ती जाती
क्यों कर न हो कि / मदद थी हासिल उसे
ख़ुदा की कुदरत से

अपनी हिम्मतों से जो हारे
दौड़े-दौड़े मदद को
आख़िर हज़रते-उमर की तरफ़
रोते-बताते
न बुझती आग पानी से!

हज़रते-उमर ने यूं फरमाया
आग है ये दरअसल
ख़बर तुम पर
ख़ुदा के कहर की
कि आग है ये लगाई हुई
तुम्हारी अपनी तंग दस्ती की
नहीं है काम पानी का
कोई इस आग में

कि बांटो रोटियां उनको
कि जिनके पेट पलती आग है
करो तौबा / अब के बस
अपने शौके दौलत से
अगरचे सचमुच जो हो तुम मेरे

कहा सब भीड़ ने : हुज़ूरे-हज़रत!

रखे हैं खोल दोनों हाथ
सारे दरवाज़े हमने
सख़ावत में हमेशा से

हज़रत उमर ने फिर ये फ़रमाया
दिया जो तुमने
वो दिया रस्म और रिवायत से
खुला कब हाथ तुम्हारा
ख़ुदा के नाम पर?

दिया
जो तुमने दिया
दिया वो
अपनी हस्ती की नुमाइश को
दिखाने शान अपनी / अपनी ताकत को

न था शामिल कहीं उसमें
कि वो नामे ख़ुदा
कि अदब उसका
या फिर कहो कि याद उसकी

***

आर-पार

है चलन बादशाहों में
इक रिवायत की तरह
सुना तो तूने भी ज़रूर होगा

खड़े होवें हैं पहलवान
कि बाएं हाथ पर उनके
कि जिस जानिब को
उनका दिल धड़कता है
और उनके हाथ पर दाएं
होवे हैं जो मुसाहिब
या फिर को हों जो अहले-इल्म[1]

वो कर कि इसलिए
कि है काम दर्ज करने का
या कि लिखने का
वो काम हाथ दाएं का

और जगह सूफियों की
है मुकर्रर
हमेशा को नज़र के आगे
कि वो आईने से बेहतर

सिफ़ते-आईना हैं रूह का

कि तू सुन ले
ऐ मेरे सुनने वाले
कि ये सूफ़ी
है वो दरबान
जो है आज़ाद हर तरह से
तबीयत से है सादा
खड़ा हुआ है
बस सर झुकाए हुए

कि इनके दिल
शीशे से ज़्यादा
चमचमाते हुए
जिसका हर कोना
मांजा है ज़िक्रो-फिक्र[2] ने
कि नक्श[3] हो
दिख सके
हर शै
बस कि साफ-साफ

***

---

1. अहले-इल्म : विद्वान, 2. ज़िक्रो फिक्र : सूफ़ी भक्ति और साधना की पद्धति, 3. नक्श : अंकित।

नमाज़

कि मुफ्ती से पूछा गया इक सवाल
नमाज़ी पढ़े है नमाज़ जब
और रोए ज़ार-ज़ार बहाये आंसू भी
हुई वो नमाज़ या कि फिर को है वो ख़राब ?

जवाबे मुफ्ती यूं आया:
कि आंसू जिसे कहें हम
है वो पानी / दरिया-ए-दीद का
कि बरसा जो पानी आंख से
तो आखिर किस वजह बरसा ?

इस दरिया का पानी
उछलता नहीं बाहर
बस यूं ही
जब तक कि ना हो
अंदर कोई हलचल मची

क्या आंख रोई
शौके-मोहब्बत में यार की ?
या कि भर आई वो
वक्ते सजदा

गुनाहों से शर्मसार सी ?

अगरचे रोया हो वो ख़ौफे-ख़ुदा से
तो क्या कहने
कि बुझेगी आग
ऐसे पानी से
अंदर की
बनाती उसे एक बंदा

कि होती है पैदा अकीदत
उस घड़ी
उसमें ऐसी
कि आंसू भी उसके
बन जाएं ज़रिया
ज़बाने नमाज़ का

और अगरचे वो रोया हो
मुश्किले-जहां से घबराके
तो समझो यूं
कि वो खो बैठा है सब कुछ
कि ये दुनिया / कि वो दुनिया

अगर जो रोया है वो
मातमे-औलाद में
कि दिल उसका पारा-पारा है
उसके दर्द से

नहीं कोई माने

ऐसी नमाज़ के
कि बात इसकी
और ख़्याल उसका

कि ऐसी इबादत है
बस कि ज़ाया
और है रोना भी
उसका ज़ाया

हकीकत नमाज़ की है
बस कि छूट जाए
जिस्म पीछे / जान पीछे
उस इक के ख्याल से

मुख़्तसिर सी बात है इतनी
तू समझ ले
कि इक रोना है बस रोना
इक रोना
है सिर्फ उसका होना

***

---

1. नमाज़ः ईश- प्रार्थना की मुस्लिम पद्धति जिसे नमाज़ पढ़ना कहा जाता है।

कब्र से बाहर

कि रोया किया एक बच्चा
जनाज़े पे अपने बाप के
डूबा हुआ बस आहो-ज़ार में
सर पीटता हुआ
पूछते जाता वो सबसे
कहां लिए जाते हो अब्बा को?
फिर हो मुख़ातिब जनाज़े से
वो ये कहता :
अब्बा! ओ अब्बा!
तुझे गाड़ देंगे मिट्टी में नीचे
ये सब कि ले जाकर
कि वो घर होगा अंधेरा
और तंग हर तरफ से
न तो कालीन, न ग़ालीचे उसमें
न दिन में रोटी, न रोशनी ही रात में

कि उस घर में
न होगी खिड़की
न होगा दरवाज़ा
न रास्ता होगा कहीं
उसकी छत पे जाने का

न कोई पड़ोसी
कि दे सके जो कोई सहारा
वक्त पड़े

अफसोस कि जिस जिस्म को
मिला हर नाज़ और मोहब्बत
अब कि होगा हवाले अंधेरों के
गोद में उजाड़ की
उस जगह न होगी जगह
कि एक सांस ले सको

रहेगा न रंग
बचेगी न चमक
जिस्म में कोई
वो कि ये सब कहता रहा
उस घर के बारे में
और बहाता जाता था लहू आंखों से
आंसुओं की शक्ल में

उसी घड़ी को
इक और मासूम बच्चा
सुना किया जो सभी कुछ
चुपचाप अब तक
बोला यूं अपने बाप से:
ख़ुदा की कसम है बताओ मुझे
क्या लिए चलते हो
जनाज़े को अपने घर?

घबराया हुआ बाप यूं बोला :
कैसी नादानी की बातें करो हो
तब वो मासूम बोला :
सुनो! ज़रा को
निशानियां इस बच्चे के बयान में
कि हरेक निशानी उस जगह की
बयां उसने जो की है
पूरी तरह से सच्ची
हर तरह से लागू
हमारे ही घर पे है

वहां बस अंधेरा
हर तरफ
न दरीचा कोई रोशनी का
न आंगन
न दालान
न तो चौखट कोई
खुले पटों का

कि इस तरह के घर हैं अनगिनत
इस दुनिया में सारी
मगर दिखे ऐसा क्योंकर
उन्हें जो भटक गए हों राह से

कि हर दिल भी है अंधेरा
इसी तरह
कि जो उसकी रोशनी से दूर है
बदबख़्त है वो

अपनी ख़ुदी में जो चूर है

कि ऐसे दिल से
कब्र अच्छी मुझको
और तुझसे बन पड़े
तो तू भी आ किसी दिन
अपने दिल की कब्र से बाहर निकल आ

***

मसनवी

रखे है माल-ओ-असबाब
सब दुकानें
अपनी-अपनी तरह की

कि मसनवी की दुकान
उनके लिए
कि दरकार जिनको
गिज़ा-ए-रूह की

जूते की दुकां पर / होवे है
चमचमाता चमड़ा
अगरचे जो देखो / तुकड़ा
लकड़ी का वहां कोई
तो जानो / वो है औज़ार
कारीगर का
वो है जूते का फरमा

बज़ाज़[1] की दुकान पे / सजे है कपड़ा
रेशम और बोस्की का
उस जगह अगर को / दिख जाए
लोहे की कोई शै
गज़ वो बज़ाज़ का / कपड़ा

नपे है जिससे

कि ये मसनवी हमारी / दुकान है
यकमुश्ती[2] की
अगर को दिखती है / कोई भी शै
ख़ुदा के सिवा
जान लो / नहीं है कुछ भी वो
सनम की सूरत के सिवा

***

1. बज़ाज़ : प्रचलित शब्द बजाज, 2. यकमुश्ती : एक साथ होना / एकता कमल का फूल है ये सब मेरे पास है।